Lettres d'un Voyageur Américain

LETTRES

D'UN

VOYAGEUR AMÉRICAIN.

Cet ouvrage se trouve aussi à

Agen... chez Noubel.
Aix-la-Chap. Laruelle.
Angers .... Fourrié-Mame.
Arras ..... Topino.
Bayonne ... Bonzom.
Berlin..... Schlesinger.
Besançon.. { Deis, Girard.
Blois..... Aucher-Eloi.
Bordeaux.. { Mme Bergeret, Lawalle jeune, Melon, Coudert, Gassiot, Gayet.
Bourges.... Gilles.
Breslau.... Korn.
Brest..... { Le Fournier-Desp., Egasse, Michel.
Bruxelles.. { Lecharlier, Demat, Stapleaux, Lacrosse.
Caen...... Mme Belin-Lebaron.
Calais..... Leleux.
Cambrai... Giard.
Chartres... Hervé.
Clermont-F. Thibaud.
Dijon..... { Lagier, Noellat, Tussa.
Dunkerque. { Bronner-Beauwens, Létendart-Delevoye.
Florence... Piatti.
Francfort.. Brœnner.
Gand..... { Dujardin, Houdin.
Genève.... { Paschoud, Manget-Cherbuliez.
Havre.... { Duflo, Chapelle.
Lausanne... Fischer.
Leipsick... { Grieshammer. Zirges.
Liége..... { Desoër, Collardin.
Lille...... Vanackère.
Londres... { Bossange, Dulau, Treuttel et Würtz.
Lorient.... { Caris, Fauvel.
Lyon..... { Bohaire, Faverio, Maire.
Manheim... Artaria et Fontaine.
Mans..... Pesche.
Marseille.. { Chardon, Maswert, Moissy, Camoin, Chaix.
Metz..... { Devilly, Thiel.
Mons..... Leroux.
Montpellier. { Sevalle, Gabon fils.
Moscou.... Fr. Riss père et fils.
Nancy.... Vincenot.
Nantes..... Busseuil.
Naples.... { Borel, Marotta et Vanspandoch.
Nîmes..... Melquioud.
Niort...... Elies-Orillat.
Orléans.... Huet-Perdoux.
Rennes.... { Duchesne, Molliex.
Rouen.... { Frère, Renault, Dumaine-Vallé.
Saint-Brieux. Lemonnier.
Saint-Malo.. Rottier.
Saint-Pétersbourg { C. Weyer, Saint-Florent.
Stockholm .. Cumelin.
Strasbourg. . Levrault.
Toulouse.. { Vieusseux, Senac.
Turin.... { Ch. Bocca, Pic.
Valenciennes. Lemaître.
Vienne .... Shalbacher.
Warsovie... Klugsberg.
Ypres..... Gambart-Dujardi[n].

DE L'IMPRIMERIE DE PILLET AÎNÉ.

LETTRES

D'UN

VOYAGEUR AMÉRICAIN,

OU

OBSERVATIONS

MORALES, POLITIQUES ET LITTÉRAIRES

SUR L'ÉTAT DE LA FRANCE
ET DE QUELQUES AUTRES CONTRÉES DE L'EUROPE
EN 1815, 1816, 1817 ET 1818.

PAR FRANKLIN J. D.,

TRADUITES DE L'ANGLAIS, ET ACCOMPAGNÉES D'ADDITIONS ET NOTES.

Avec gravure et musique.

La terra molle, lieta e dilettosa,
Simili a se l'abitator produce. TASSO.

Charmant pays, terre douce et fleurie!
Ton heureux sol dut être la patrie
D'un peuple doux, heureux, et brillant comme toi!

TOME PREMIER.

A PARIS,
CHEZ PILLET AINÉ, IMPRIMEUR-LIBRAIRE,
ÉDIT. DE LA COLLECTION DES MŒURS FRANÇAISES,
RUE CHRISTINE, N° 5.
1823.

Dédicace.

Europe ! je te dédie mon livre. Vieille terre de la civilisation, voici les prémices d'une civilisation toute jeune encore !

En parcourant tes villes, tes arsenaux et tes ports, j'ai tracé ces faibles esquisses. Je te les soumets. C'est un recueil d'études, faites d'après toi !

J'ai quitté mon sol natal, et ma patrie, si riche d'espérances, pour venir errer au milieu de tes souvenirs. J'ai admiré tes grandeurs ; j'ai joui de tes arts ; j'ai connu tes malheurs ; j'ai plaint ta décadence. O terre brillante du genie et du luxe! en vain toutes sortes de gloires, en vain tous les prestiges couvrent tes maux et tes douleurs! Ce nuage éclatant a porté la tempête; elle est déjà tombée, et elle gronde encore!

Franklin J. D.

PRÉFACE

DE L'ÉDITEUR.

Deux facultés opposées sont nécessaires à l'observateur : un coup d'œil assez froid pour être juste, et une ame capable de partager les passions qu'il veut peindre.

Une vue nette et judicieuse distinguait Duclos ; mais cette qualité isolée ne le plaça que sur la seconde ligne. Rousseau manquait de cette froideur nécessaire, et ne vit jamais le monde que sous le prestige d'une imagination ardente, qui dénaturait les objets en les colorant. Chacun d'eux était, si l'on peut s'exprimer ainsi, la moitié d'un observateur.

Avec quelle sagacité les diverses positions sociales sont analysées chez le premier ! Avec quelle magie tous les symptômes de la fièvre des passions sont reproduits chez le second ! Mais en revanche on est tenté de rire, en entendant Duclos discuter sur l'amour, et Jean-Jacques se faire, malgré Minerve, observateur des salons de Paris. Il est aisé de sentir pourquoi, en parcourant toutes les littératures, un si petit nombre d'observateurs complets se présente (1).

L'ouvrage que l'on traduit en français, sans réunir à un degré remarquable les hautes qualités dont le talent de

---

(1) Voyez plus bas, page 21, tome I, les portraits des principaux observateurs.

l'observation se compose, en offre quelques-unes, aussi rares que précieuses. C'est l'œuvre naïve d'un étranger; les haines comme les préventions de ce pays lui sont inconnues. Il a pour passions l'amour des libertés publiques, et un grand respect pour la dignité humaine. Habitant d'une terre nouvelle, il s'étonne de notre luxe, admire souvent, gémit quelquefois, se mêle à nos plaisirs, et partage nos regrets : sans faire preuve de génie, il fait preuve de jugement, de sagacité, de franchise et d'instruction. Rempli de ses lectures; sortant de nos spectacles, de nos concerts, de nos salons; fier d'avoir causé avec Lafayette; heureux d'avoir vu Talma; étonné de cette foule d'idées inconnues et de sensations rapides, dont notre civilisation avancée l'entoure et l'inonde pour ainsi dire, il se hâte de confier au papier ses impressions, ses souvenirs. Son livre est un recueil de croquis, légèrement tracés. On n'y cherchera pas d'ordre; la variété des esquisses ajoute à l'intérêt du recueil. On y trouvera quelquefois des teintes brillantes, souvent des touches heureuses, beaucoup d'abandon, et une grande quantité de portraits, d'autant plus intéressans, que les originaux posent devant nous, et sont acteurs de notre scène.

L'étonnement du jeune Usbeck, à la vue de mœurs si nouvelles, est le principal ressort des *Lettres Persannes*. Cette fiction, que Montesquieu a empruntée à Dufresny, et qui depuis a été si souvent employée, cesse d'être une chimère dans notre ouvrage. Il n'est pas moins curieux de voir l'Américain de

Baltimore au milieu des mœurs du quartier d'Antin, que le prince d'Ispahan ou le jeune Siamois parmi les courtisans de Louis XIV et de Louis XV.

Ces deux voyageurs n'existaient que dans l'imagination qui leur donna la vie: M. Franklin J. D., au contraire, est tout-à-fait vivant; c'est un être de chair et d'os, un Américain véritable, et non l'une de ces créations aériennes (*airy nothings*) auxquelles le génie donne une place, un corps, un nom (*a local habitation and a name*), comme dit un habile observateur, Shakespear.

D'autres voyageurs, tout aussi réels, mais moins généreux, sont venus depuis vingt ans visiter la France. Cent volumes et plus attestent la réalité de l'existence de *Kotzebue*: et tous les jours M. *Scott*, qui n'a point trouvé de Sand, publie encore de nombreux pamphlets, certificats d'une vie aussi tenace que l'est sa triste fécondité littéraire. *Goldsmith* a recueilli dans la boue du libellisme le plus abject tout ce qui pouvait déshonorer notre gloire ; et *Alfieri*, après avoir déclamé plus violemment que Raynal contre la tyrannie, a versé sur une révolution où sa fierté s'indignait de n'être rien, toute la bile de son orgueilleux génie.

Tel a été le prix de notre hospitalité. Si nous avons traité ces étrangers en frères, on doit convenir qu'ils nous ont traité à notre tour avec une familiarité tout amicale. Sans doute ils se sont regardés comme étant de la famille ; et, au lieu de nous gâter, ils n'ont songé qu'à nous punir.

Quel tems choisissaient-ils cependant

pour reconnaître, par des satires ou des outrages, le facile accueil d'un peuple quelquefois ingrat pour ses citoyens, mais souvent trop indulgent pour les étrangers ? La plus brillante époque du génie français : quand toute l'énergie d'une nation, réputée légère, se déployait tout à coup ; quand sur le vieux tronc d'un royaume en décadence, des rameaux vigoureux, des branches nouvelles se faisaient jour de toutes parts ; quand, malgré nos discordes et nos fautes, nous forcions l'Europe de nous respecter, de se refouler sur elle-même, et de trembler devant nous.

M. Franklin a vu la France dans ses jours de deuil. Au lieu de l'insulter, il l'a plainte. Il s'est souvenu de ses victoires, de ces talens sans nombre éclos de son sein ; de tant de genres de supériorité dont le monde était jaloux ; de tant de malheurs, fils de tant de gloires. Nul mouvement d'envie n'a noirci les couleurs de ses tableaux. Pour un étranger, se montrer juste alors, c'était agir noblement.

M. Franklin nous a quelquefois même flattés. Complaisance bien innocente et assez rare : on ne flatte pas communément le malheur.

Son opinion politique est celle d'un Américain. Qu'on se souvienne qu'il est né dans un pays où chaque individu compte dans l'état, et où le pouvoir suprême n'est que la somme des volontés de tous, dirigées vers le bien de tous. Là, on prononce moins fréquemment le mot patrie ; mais quand il sort de la bouche d'un citoyen, ce ne sont pas des lèvres vénales qui le prononcent pour l'outrager et gagner un salaire. Douze spectacles ne sont pas ouverts chaque nuit à Baltimore ; mais chaque jour tous les yeux s'ouvrent, et toutes les pensées veillent sur les démarches d'une administration qui a moins besoin d'être surveillée que tout autre, parce que son intérêt est l'intérêt public. Là, de moins heureuses saillies, et des conversations moins fécondes en traits de lumière ou en jeux d'esprit, amusent la soirée et charment les loisirs des riches ou des gens qu'une supériorité intellectuelle distingue : en revanche, beaucoup de sécurité est achetée par beaucoup d'ennui peut-être ; chacun peut dormir sous le toit de la famille, sans craindre d'être éveillé par l'inquisiteur ou le sbire ; chacun connaît clairement la limite de son droit et l'étendue de son devoir ;

et dans le silence et la simplicité de ces mœurs, de nouveaux Franklin peuvent se former, d'autres Washington se mûrir.

Quel spectacle que celui de notre France, pour l'Américain accoutumé à cette régularité de mœurs ! Il met le pied sur une terre où tout est mouvement, vivacité, changement ; où l'action est vive comme la pensée ; où l'esprit est fertile comme le sol. Il croit qu'une double puissance d'existence anime tout ce qui l'entoure. Un langage rapide, brillant, clair et pressé se prête et se plie à toutes les nuances d'une imagination infiniment mobile. Au lieu des lois fixes de son pays, il trouve les lois ondoyantes des convenances ; lois changeantes, toujours prêtes à varier ou à s'éteindre ; lois qui dépendent d'un souffle, et dont la finesse doit échapper à la vue la plus subtile de l'étranger.

Ajoutez à cela l'époque de son voyage. Tout est chaos. La religion? Elle n'excite plus ni impiété, ni fanatisme. Les mœurs? Elles flottent dans une bizarre inconstance, et dans une bigarrure étonnante. Les principes? Ils ont cédé la place aux intérêts. La littérature? Elle-même devient incertaine. Comme dans le kaléidoscope, toutes les couleurs se brouillent avant de former un tableau; en France, tous les élémens confus et mêlés attendent encore le moment de la stabilité et de l'ordre. Ce pays est la boîte de Pandore. Luxe, misère, énergie, faiblesse, éloquence, gloire, désastres, talens, infortunes, tout s'y confond : l'espérance est encore là.

Les sentimens ardens ont quelques

momens prophétiques. La pensée, en s'occupant avec amour de l'avenir de la belle France, croit découvrir quelques lueurs dans ce gouffre. Si les analogies de l'histoire ne trompent pas, si le présent annonce l'avenir, dont le germe est dans son sein ; à travers tant de maux, la France du moins semble marcher à la plus belle destinée d'un peuple : celle d'être libre par la vertu.

Cette pierre philosophale de la politique, un gouvernement sans abus, ne se trouvera pas sans doute. Mais après avoir donné sur tous les écueils, sur celui de la gloire, sur celui des vengeances, sur celui des conquêtes, sur celui des défaites, la France, instruite par tant d'épreuves, doit arriver au repos et à l'indépendance.

Déjà les scandaleuses mœurs de l'ancienne France ont disparu : une jeunesse, que les exemples de ses bisaïeux ne tenteront jamais, remplit et les bibliothèques, où se trouve l'histoire universelle de la force et de la faiblesse de l'esprit humain; et les musées, où les beaux-arts, par leur imitation de la nature, en étendent les limites; et ces cours gratuits, où la science est rendue vivante et attrayante ; et ces cabinets, où des médailles, témoins des vieux tems, servent de commentaires aux lois; où des débris de mausolées transportent dans le domaine de la mort nos affections et notre sympathie; où, comme dans des assemblées représentatives, les familles qui couvrent le globe sont convoquées par députés.

Voir la France aujourd'hui est un curieux spectacle. La bien voir est peu facile. Par quelle analyse, pour ainsi dire chimique, dégagerez-vous de nos mœurs nouvelles ce qui appartient aux mœurs anciennes? Dans quel creuset distinguer les couleurs qui signalent ces trois générations d'hommes si différens, qui vivent, se meuvent et se pressent parmi nous?

Comme la terre couvre à la fois les cendres de ce qui a cessé d'être, et les germes cachés de ce qui sera, nos mœurs enferment et les vestiges des mœurs monarchiques et les semences d'un avenir incertain.

Quel degré de prospérité est réservé à de tels germes?

Dans un tems où la pensée présente est tout entière à l'avenir de la civilisation; où la marche et le but des sociétés humaines sont la grande énigme proposée à tous les philosophes ; où l'incertitude même de cette marche semble faite pour exciter vivement la pensée ; à la tête d'un ouvrage, où sont jetés souvent des traits de la politique contemporaine, et dont la seule destination est de retracer les mœurs du peuple de l'Europe, qui se montre à la tête des progrès de l'intelligence, et de peindre une époque où le désordre général remet en question ces progrès :

Qu'il me soit permis de m'occuper un moment de ce problème, et de me demander si de ce chaos une création peut sortir. En se rejetant sur les destinées passées de l'ordre social, et en embrassant jusqu'à ses langes et son berceau ; en suivant d'un rapide coup d'œil ses pas dans la civilisation ; en jugeant enfin son avenir par son passé, on peut suivre, pour ainsi dire, dans les tems futurs, la prolongation de la courbe qu'il a décrite dans les siècles expirés, et en calculer la dimension et l'étendue.

Voici les questions principales que s'adressent aujourd'hui les penseurs :

La marche des sociétés est-elle progressive ? Leur perfectionnement est-il imaginaire ou réel ? Le grand drame du monde doit-il aller se résoudre dans un nouvel âge d'or ? Ou bien sommes-nous condamnés à nous rapprocher sans cesse de cette perfection, sans jamais l'atteindre, et à réaliser, en politique, le phénomène de l'asymptote en géométrie ?

Il me semble qu'en profitant des recherches des anciens publicistes, on peut s'élever à une vue plus nette encore du progrès éternel des institutions humaines. Prouver que le sort de l'homme a toujours été en s'améliorant, c'est prouver qu'il doit s'améliorer. Or je vois s'élever devant moi une brillante gradation, semblable aux cercles du Paradis du Dante : une lumière plus pure les entoure à mesure qu'ils montent et s'avancent. D'abord la *famille*, ensuite l'état de l'*esclave*, enfin le triomphe de l'*industrie ;* trois régions qui s'offrent naturellement à l'observateur.

L'homme vit isolé dans sa *hutte.* Il fait triompher sa force *physique.* Enfin il assure l'empire à sa force d'*industrie.* Comme ces êtres créés par le poète des enfers, qui se dévorent les uns les autres, et grandissent à mesure qu'ils se dévorent, chacune de ces époques s'engloutit l'une dans l'autre et vit des ruines de celle qui la précède. L'*esclavage* détruit la *famille*; l'*industrie* détruit l'*esclavage*.

L'homme sort de ses bois, tue un animal aussi féroce que lui, cherche une compagne, bâtit sa hutte, et fonde *la famille*. Dans cette *première époque*, la pensée n'est rien; la force physique est tout. C'est celle où moins de souffrances assiègent l'homme, où moins de jouissances le consolent.

Les hommes deviennent nombreux. Leurs réunions mettent leurs facultés en conflit: ils commencent par se haïr et se déchirer; c'est le premier usage de leurs forces. Le plus vigoureux fait la loi; le plus rusé l'élude. Seconde *époque*: époque d'*esclavage*.

Alors deux classes se font parmi les hommes: les forts et les faibles; les maîtres et les serfs. Les liens de famille se dissolvent. Le *sauvage* embrassait les os de ses pères, et partait en les emportant : l'*esclave* vend son fils pour un couteau ou un collier. Quand Jean-Jacques a fait l'éloge de la vie *sauvage*, il a fait l'éloge de ces mœurs de la *hutte* et de la *famille*, mœurs grossières, barbares, mais plus nobles, mais plus belles cent fois que ces hideuses mœurs de l'*esclave*, qu'un publiciste récent a affecté de confondre avec les premières, et n'a pas eu honte d'offrir à ses semblables comme le fondement de toute société humaine, et comme l'évangile de la politique.

Sous les mains de l'*esclave*, sous la direction du maître, les forêts tombent, les édifices s'élèvent, des troncs d'arbres deviennent des maisons flottantes, des milliers de bras entassent les pierres qui doivent servir de monumens funèbres à des monarques sans nom (1) ; l'industrie naît.

La pensée commence à diriger l'action physique. Tous les développemens de cette double puissance de la pensée et du travail manuel satisfont les besoins et jusqu'aux caprices de l'homme. Il se sent grand. Rien ne lui résiste dans l'univers. Bientôt il voit que sa force est dans sa pensée. La faculté créatrice surnage et domine; les lumières jaillissent, et les barrières de l'esclavage tombent.

On peut nommer cette troisième époque, *industrielle*. Une multitude de

---

(1) Et le premier palais fut le premier tombeau.
M. DE NORVINS, *l'Immortalité de l'ame*, poëme.

découvertes ont levé tous les voiles dont s'entourait la nature. La science devient un véritable pouvoir. Aidée de forces étrangères, elle dit à la foudre : *tombe en silence à mes pieds ;* à l'air : *porte-moi ; j'ai conquis ta légèreté même ;* à la pensée : *j'ai triomphé de toi ; je t'ai fixée : sois impérissable ; deviens solide.*

Telle est l'époque où nous sommes ; telles sont les merveilles que nous voyons. Notre voyageur les a esquissées d'un pinceau rapide et léger. J'ai cherché à en montrer la formation. Mais quels doivent en être les résultats ?

Les rayons communiquent d'un pays à l'autre ; toute la masse humaine partage tour à tour la lumière. Les vieilles idoles, nées (comme dit Goethe) *dans les ténèbres du sanctuaire, pendant l'éclipse de la raison*, s'évanouissent. Eh quoi ! cette constante marche n'aboutirait à rien ! Les planètes ont leur orbite, les courans leur lit ; les gaz leur nature ; tout a un but, une direction, une fin ; tout développement annonce une maturité future ; rien au monde n'est commencé qui ne doive remplir sa destination : et cette évidente progression des sociétés humaines resterait seule incomplète !

Sans se fier à ces enthousiasmes métaphysiques, et à ces subtilités bien tissues, mais légères, qui (dit Butler) n'habitent que les pensées vides, comme Arachné file sa toile dans les habitations désertes : ne peut-on pas se demander avec raison si l'époque *intellectuelle* n'est pas arrivée ; et si le mouvement général de l'Europe n'annonce pas ce noble enfantement ?

Au règne du *sauvage* dans sa hutte a succédé le règne du *tyran* dans son palais ; à celui-là succède le règne brillant de l'*industrie*. Pourquoi cette puissante *intelligence*, que nous voyons poindre aujourd'hui comme une bienfaisante aurore, n'aurait-elle pas son tour, et ne promettrait-elle pas à l'Europe bouleversée, à la France bouleversée, une époque dernière de liberté fondée sur la sagesse, et de grandeur appuyée sur la paix ?

M. Franklin, dans son ouvrage, composé d'observations sur l'état de la France agitée, s'est permis quelques observations semblables. Il ne me reste plus qu'à demander que l'on me pardonne les écarts où sa pensée a entraîné la mienne, dans cette préface, dont la philosophie et l'amour des hommes ont imprudemment grossi les feuillets.

CH. S.

P. S. On a dû retrancher quelques passages, et adoucir quelques expressions de l'Américain. Les convenances réclamaient ces altérations. Cependant on a constamment respecté la pensée, et toujours reproduit avec fidélité les impressions du voyageur.

Dans des notes assez nombreuses, et quelquefois placées à la fin des lettres, on s'est permis de commenter, de développer et même de contredire les observations du voyageur américain, que le traducteur a scrupuleusement conservées dans le corps de l'ouvrage.

PRÉFACE

DE L'AUTEUR.

—

Pendant mon séjour en France, j'ai pris l'habitude de confier au papier, chaque soir, les réflexions qui avaient frappé mon esprit pendant la journée, et les diverses observations que m'avait fournies le spectacle de la société.

A mon retour, je rédigeai ces observations, je réunis ces notes et je leur donnai la forme de *lettres* : j'eus soin d'y faire entrer les faits nouveaux dont je pus acquérir la certitude, et les observations qui m'avaient échappé. Mes amis, à qui je confiai le manuscrit, crurent qu'il pourrait exciter et satisfaire la curiosité du public. Tant d'autres ouvrages, légers de réflexion et de matière, mais écrits dans la même vue, ont reçu un favorable accueil, et rencontré, sinon la gloire, du moins la vogue du moment !

C'est ce livre, un peu corrigé, que je présente au public. Mes prétentions sont humbles ; la critique sera indulgente. Je ne me crois pas fait pour ajouter à la masse des connaissances humaines : mon seul désir est d'amuser; et je serai content si mes *Lettres* peuvent trouver place sur le rayon des ouvrages sans conséquence, ainsi définis par Horace Walpole : « Ces livres que l'on » ouvre quand on a la goutte, quand » on s'ennuie, quand on a le spleen, » ou qu'on attend du monde.

La division en chapitres, sections, etc., est généralement ennuyeuse : pour peu qu'une lettre ait de mérite, elle plaît; et quand elle contient des détails intéressans, elle offre mille fois plus de charme, que ne peut le faire une narration sans mouvement, sans chaleur et sans vie.

Je fais profession, dans le cours de cet ouvrage, d'une opinion politique que nul Américain ne me reprochera, sans doute, mais dont la franchise ne peut manquer d'offenser la pure chasteté des folliculaires et la loyauté soldée des *Quarterly Reviewers* (1) et compagnie. Critiques mercenaires, je ne leur demande pas leurs éloges; et c'est aux hommes honorables de toutes les classes que je dis avec *Junius* : « Votre jugement seul a du prix » pour moi : voyez mes intentions, » et prononcez avec équité, sans

(1) Ecrivains à la solde du ministère.

» interprétation, sans supposition, » sans partialité comme sans mau- » maise foi. »

La période de mon séjour en France offrait beaucoup d'intérêt. Je me trouvai dans ce pays, peu de tems après la chute de Napoléon, et je saisis cette excellente occasion d'observer le flux et le reflux de l'opinion, dans ses variations diverses. Alors avait lieu la lutte de la liberté contre les prétentions du petit nombre. L'horizon politique éprouva plus d'un changement et plus d'un phénomène : j'observai tout, et je crois mes observations dignes de l'attention des hommes qui cherchent des matériaux pour l'histoire contemporaine.

« Ce qui m'a dégoûtée de l'his-
» toire, dit madame de Sévigné,
» c'est la pensée, que ce que je vois
» se passer aujourd'hui sous mes
» yeux, *ce sera de l'histoire un*
» *jour.* » Appelons sur cette réflexion piquante et profonde les méditations de ces grands hommes

Qui marchent dans la nue et préparent la foudre (1).

Peut-être, en songeant que ce qu'ils font aujourd'hui, ce *sera de l'histoire* un jour, nous épargneront-ils

---

(1) *Who ride the whirlwind and direct the storm.*

quelques-unes de ces calamités politiques dont ils sont prodigues. Peut-être feront-ils cette réflexion salutaire : « Un jour tous ces secrets, » profondément cachés, seront divulgués, et ne seront plus des secrets pour personne. »

J'ai souvent cité les poètes et quelquefois les prosateurs de différens pays, dans le cours de mes descriptions. C'est encore par une citation que je terminerai cette courte préface, et que je me justifierai.

« J'aime à m'appuyer sur autrui, » dit le paysan Burns (1); j'aime

(1) Grand poète et pauvre laboureur anglais.

» les citations, surtout en vers; elles
» remplissent si heureusement et si
» vivement le besoin de mettre au
» dehors nos sentimens intimes,
» qu'elles m'enchantent, quand je
» les rencontre. La poésie donne
» une forme, un corps, une vie
» réelle à nos joies, à nos peines, à
» nos amours; et quand nos émo-
» tions se trouvent ainsi d'avance,
» toutes brûlantes, toutes brillantes,
» toutes solides, les vers qui les
» expriment sont pour moi une
» jouissance véritable. »

Baltimore, 18 juillet 1821.

LETTRES D'UN AMÉRICAIN.

LETTRES ÉCRITES DE FRANCE.

LETTRE PREMIÈRE.

Paris, 8 septembre 1816.

Je m'empresse de vous donner de mes nouvelles. Le *Rubicon* a fait, en vingt-un jours, la traversée de *New-Yorck* au *Hâvre*, dans le port duquel il est entré le 31 du mois dernier.

La première semaine que j'ai passée à bord, m'a condamné à toutes les horreurs du mal de mer. Un étourdissement insupportable, une langueur af-

*

freuse, une faiblesse extrême en étaient les premiers symptômes. Après quinze jours, cependant, la santé et l'appétit me sont revenus, et j'ai commencé à jeter sur mes souffrances passées ce coup d'œil philosophique dont parlent Socrate et Lucrèce : je bénissais presque des maux dont je trouvais, dans mon bien-être présent, la conséquence et la compensation nécessaires.

La situation du Hâvre est très-agréable et très-favorable au commerce. On fait de grandes réparations dans le port, qui est aujourd'hui le plus fréquenté du royaume, et qui divise la ville en deux parties. Ce vaste bassin, où sont amarrés tous les bâtimens, est fermé la nuit par une chaîne immense.

François Ier, qui éleva le Hâvre au degré d'importance où nous le voyons parvenu, voulut lui donner le nom de *Franciscopolis.* En vain le monarque lui imposa-t-il ce nouveau titre; la ville ne cessa de s'appeler le *Hâvre-de-Grâce*, du nom d'une vieille église, nommée *Notre-Dame-de-Grâce*. Du haut de la tour de cette église, qui a jadis servi de phare, on découvre un horizon sans bornes. A l'ouest, à vingt-cinq lieues de distance, on aperçoit *Harfleur*, et l'œil distingue au loin les rochers du Calvados, les embouchures de l'*Orne* et de la *Dive*, et les environs de *Quillebœuf*.

S'il faut en croire les Français, Paris est aujourd'hui d'une tristesse désespérante. Suivant les Anglais, au contraire, il est amusant au dernier point. Je me défierais du jugement des premiers; leur vivacité naturelle leur fait trouver monotone tout ce qui n'est pas sémillant, éblouissant, étincelant comme les pierreries.

On dit que pendant les deux mois qui viennent de s'écouler, quarante mille étrangers, presque tous anglais, se sont rendus à Paris.

Le 4 octobre, j'ai quitté le Hâvre pour Rouen. Il n'était pas encore nuit, quand je suis entré dans cette ville. L'*Hôtel de l'Europe*, que l'on dit être le meilleur de toute la ville, est encore assez médiocre. Un mélange d'élégance et de malpropreté caractérise les auberges que j'ai rencontrées jusqu'ici. On y mange avec dégoût, et à très-haut prix, des mets aussi recherchés qu'ils sont déplaisans : les fricassées, les ragoûts, les vins frelatés, l'argenterie et la vaisselle plate couvrent chaque table d'hôte. Qu'importe ! Un peuple aimable et un ciel charmant font bientôt oublier ces désagrémens légers.

Rouen est sale ; Rouen est mal bâti ; Rouen est, en somme, un endroit fort déplaisant et fort incommode. Des rues tortueuses, irrégulières ; de la boue, de la pluie ; des maisons que la toiture écrase, et qui portent plus d'ardoises ou de tuiles, qu'ils n'ont de pieds de hauteur ;

point d'amusemens; un mauvais spectacle : voilà pour l'intérieur. L'extérieur, au contraire, est charmant. Les boulevarts sont superbes; et, du sommet du mont Sainte-Catherine, on découvre l'un des plus beaux points de vue de l'Europe : une vaste plaine ; la Seine se jouant et traçant mille détours capricieux au sein des prairies ; de petites îles, comme des oasis de verdure, jetées au milieu de la rivière, et l'aspect pittoresque d'un long pont de bateaux. On ne parvient pas sans fatigue au sommet du mont Sainte-Catherine ; mais bientôt l'aspect de tant d'objets variés et d'une si belle nature console le voyageur.

Enfin j'arrive à Paris. Voilà le centre de ce pays brillant et célèbre, ce bazar du luxe, ce temple des plaisirs et des arts, ce sanctuaire des lettres, des vices, de la misère et de la civilisation humaines.

La seule nouveauté eût prêté pour moi des charmes au spectacle de cette ville. J'allai, dès la première soirée, au *Palais-Royal*, résumé de Paris, *macédoine universelle.* « L'homme *qui n'au-» rait qu'un jour à passer à Paris, » pourrait, sans sortir du Palais-» Royal, se faire une idée exacte des » ressources, des avantages et des in-» convéniens de cette immense capi-» tale.* » Ainsi s'exprime M. de Jouy. En effet, le Palais-Royal est une espèce de *chambre obscure* où se reflète, dans de moindres dimensions, tout ce qui se passe dans la métropole. C'est un grand égoût où viennent confluer la richesse et la pauvreté, le vice et la folie, le plaisir et la misère de ce monde singulier, de cet univers mouvant et bizarre. Dès que j'eus mis le pied dans le jardin, je fus frappé de la magnificence et de la splendeur des galeries et des boutiques. La superbe architecture du palais, la richesse des ornemens et des étalages, leur luxe élégant, leur variété merveilleuse enchantaient partout mes regards. Des multitudes de lampes à réverbère, frappant sur des porcelaines, des bijoux, des glaces, des armes et des cristaux, produisaient une illumination nouvelle et singulière, qui pénétrait jusque dans l'obscurité du jardin, et se jouait sous les arcades de la manière la plus étrange et la plus brillante.

C'est ici le pays des contrastes. Là, un palais *embrasse la nue*, comme dit Shakespeare, et élève jusqu'aux cieux l'élégante noblesse de ses pilastres. A ses pieds, le décrotteur établit sa bancelle, l'écrivain public son échoppe, et le marchand de comestibles son petit étalage. Devant ce théâtre magnifique, passe lentement une procession funèbre. Une foule attentive se presse autour du bouffon de place, et s'écarte pour laisser passer l'humble litière, qui porte à l'hôpital le pauvre ouvrier malade.

Les maisons sont hautes; mais leur structure est agréable. Les rues sont si étroites, et les édifices, ordinairement, présentent une inégalité si remarquable, que l'on dirait, suivant un journaliste anglais (1), « de grandes masses de » pierres, dans lesquelles quelque dé- » mon capricieux a taillé tour à tour » des palais et des tannières, des sen- » tiers et des routes, des maisons et de » pauvres bouges. » Le long des boulevarts et dans les grandes rues, on voit de nombreux carrosses, tout brillans d'argent et d'acier, glisser comme des météores ; à leur rencontre, s'avancent de lourds tombereaux remplis de boue ; et ce contraste ne déplaît pas.

Attendez, pour connaître Paris, les lettres suivantes. Je ne l'ai vu jusqu'ici qu'à travers une vapeur incertaine et confuse.

---

(1) *Quarterly Review.*

LETTRE II.

—

Paris, 23 septembre 1816.

C'EST dans le style du Spectateur que je veux vous écrire. Ma plume n'est point celle d'Addison ; mais je trouve chez vous des traits de ressemblance avec son bon ami Will *Honeycomb* (1) ; et la moderne Athènes demanderait à être peinte avec la grâce et l'atticisme de ce charmant observateur.

J'observe aussi, moi, indigne. Je ne me couche pas sans avoir étudié profondément mon plan de Paris ; et, le lendemain matin, la carte en main, je cherche

---

(1) Voyez la page 20. *Notes de l'Editeur* ; note (*a*).

à appliquer ma science; je m'oriente comme je puis. Un café m'offre, au milieu de ma promenade, un léger déjeûner : puis, véritable péripatéticien, j'emploie le reste de la journée à courir en philosophe, et à philosopher en courant.

Je suis occupé maintenant à lire *l'Hermite de la Chaussée-d'Antin* (1). L'auteur, M. de Jouy, l'un des premiers littérateurs de l'époque, y a peint les mœurs et les coutumes de son pays. C'est le seul ouvrage que les Français puissent mettre en parallèle avec le *Tatler* (2), le *Spectator*, et ces

> Tableaux heureux, dont les touches vivantes
> Fixent des mœurs les nuances changeantes (3).

Voici une singularité parisienne. De gros chiens enharnachés traînent de pe-

---

(1) (2) Voyez la page 20. *Notes de l'Editeur*; notes (*b*), (*c*), (*d*).

(3) *Catching the manners, living, as they rise.*

tites charrettes chargées de provisions ; l'animal, aussi bien paré qu'un cheval de Normandie, trotte d'un air grave, le long des rues, et semble savoir quel honneur on lui a fait, en le chargeant de l'attirail des coursiers. C'est un amusant spectacle dans sa bizarrerie puérile.

Le pauvre est ici fort industrieux. Débris de cuisine, rebut des maisons, il ramasse tout. Un chat mort est une trouvaille pour lui. La peau se vend aux fabricans de gants ; les os servent à faire de la cire luisante, et le reste donne de l'huile.

Aujourd'hui et depuis une semaine, le tems est lourd, le brouillard nous accable. C'est bien rarement que je puis appliquer au retour du soleil la pompeuse description d'Hudibras.

Le sombre azur des cieux s'efface :
Au rouge éclat du jour les ténèbres font place.
Ainsi, sur ses fourneaux, le lecteur a pu voir

Des ruisseaux la triste habitante,
L'écrevisse, plongée au sein de l'eau bouillante,
Dépouiller son vêtement noir,
Et vêtir, par degrés, une pourpre sanglante (1).

Voici une semaine et plus que le ciel n'a changé que du noir au gris. Cependant je ne m'ennuie pas, et la multitude d'objets curieux qui m'environnent combat l'influence de l'atmosphère.

Notes de l'Éditeur.

(*a*) Will Honeycomb est un des plus aimables personnages dont Addison ait enrichi sa galerie. Will est toujours présent lorsqu'il s'agit de parler avec grâce des arts, du théâtre et des femmes, ou d'animer la scène par quelque plaisanterie d'une gaîté douce. C'est un caractère qui charme, par le mélange d'esprit, de bonhomie, de connaissance du monde, et de sou-

(1) *Like a lobster boil'd, the morn*
From black to red begins to turn.

BUTLER.

venirs galans, qui entrent dans sa composition et qui se fondent, pour ainsi dire, dans une vieillesse encore verte, et philosophique sans aigreur.

(*b*) Il est aisé de voir que notre voyageur a lu avec fruit l'*Hermite de la Chaussée-d'Antin*, et qu'il entre un peu de reconnaissance dans les éloges qu'il donne à cet ouvrage. L'Américain a fait de nombreux emprunts à l'Hermite : emprunts que nous avons cru devoir restituer à leur légitime maître. Nous sommes loin de lui en faire un reproche; du moins M. Franklin n'a pas assassiné pour jouir plus commodément de l'héritage : il rend justice à l'auteur auquel il emprunte, et n'imite pas Fielding, qui vole à Molière son *Avare*, et place à la tête de sa traduction une diatribe contre ce grand homme.

(*c*) (*d*) Le *Spectator* est connu en France par une assez mauvaise traduction. Les autres *essayists* ne sont guère connus que par les *Extraits de l'abbé Blanchet*, qui a imité avec beaucoup d'élégance et un talent dont on ne lui a pas assez tenu compte, une vingtaine d'essais, extraits du *Tatler*, *World*, etc., etc.

Ce que l'on ignore assez communément,

c'est que le nombre de ces ouvrages, dont *l'Hermite* de M. Jouy a donné, parmi nous, l'unique exemple, se monte, en Angleterre, à près de deux cents. (*The Inquirer*, *the Prompter*, *the Speculator*, *the Observator*, etc., etc.)

Une galerie de ces divers peintres de mœurs, qui, dans leurs essais, ont voulu fixer les nuances fugitives des mœurs sociales, serait un ouvrage intéressant, neuf et utile. Il demanderait à la fois une analyse profonde de ce qui constitue le génie d'observation en lui-même, et un tableau vivant du génie particulier de chaque auteur. Il exigerait une critique de choses et non une critique de phrases; et sans doute, il manquera long-tems; car, s'il est beaucoup de juges des mots, il est bien peu de juges de la pensée.

Cette classe de moralistes a exercé une influence vaste et populaire sur la société, mais surtout sur la société, en Angleterre. Ce sont des peintres de famille, dont le talent est favorisé par l'esprit de famille, les mœurs concentrées et les habitudes domestiques.

Facile, aimable, toujours de bon ton, moins élégant qu'on ne l'a dit, mais doué d'une gaîté douce et souvent attique, Addison se montre le premier. Il cause, mais il cause avec grâce et avec fruit. « *Attendez-le, écoutez-le, disait » Swift. Son caquet est celui de la poule : tout » long qu'il puisse être, il donne toujours son » œuf.* »

Addison se distinguait par une vaste intelligence. Le goût, l'érudition ne lui étaient pas étrangers. Il peignait les hommes avec bienveillance, avec bonheur, avec une vérité maligne et douce. Assez ennuyeux dans ses dissertations, quelquefois outré dans ses caricatures, il possédait sans doute des facultés plus diverses que son ami Steele. Mais pour le piquant et l'éclat de l'esprit, pour la finesse et la causticité, ce dernier l'emportait sur l'auteur de Caton.

O réputation ! le hasard se joue de tes couronnes ! Steele partagea le travail du Spectateur et n'en partagea pas la gloire. Les morceaux les plus spirituels, ceux où la satyre se montre armée du fouet le plus sanglant et du masque le plus original, appartiennent à Steele. Son esprit était surtout acéré, fin et brillant. Montaigne eût dit : « *Il pique, il perce et il » peint.* »

Le docteur Johnson forme avec Steele un parfait contraste. Steele observait les hommes avec légèreté ; Johnson balance les doctrines avec lenteur, gravité et une vigueur pesante. C'est une énergie de réflexion monotone ; c'est une phrase qui tombe toujours de tout son poids, mais qui, lancée de haut, imprime profondément le cachet de la pensée.

D'autres peintres de mœurs viennent à la suite. Hawkesworth est judicieux, élégant, mais pâle et infécond ; c'est le Suard de l'Angleterre. Adam Fitz-Adam a de l'humour sans pureté et sans grâce. C'est un Addison, dépourvu de l'attrait du bon goût et du charme du style.

Goldsmith, original, dramatique, humoriste, surtout naïf, est au dessus d'eux et rivalise avec Addison. Il sait émouvoir ; il sait peindre. C'est Lafontaine joint à quelques traits de Montaigne. C'est un bon homme, un homme sensible et un philosophe.

La France, si éminemment sociale, manqua long-tems de peintres des mœurs sociales. Je ne regarde pas comme tel Dufresny, esprit original, profond même à force de finesse et très-semblable à Steele; Dufresny trop dédaigné à cause de l'irrégularité de ses ouvrages, qui avait cependant ouvert la route dans les *Amusemens sérieux et comiques*, premier modèle des inimitables *Lettres Persannes*.

Ce bel ouvrage était tout-à-fait de l'observation des mœurs, jetée dans un cadre romanesque. La satire y est vive, et l'esprit y étincelle; non cet esprit de Voltaire, léger, brillant, précieux, et que l'on pourrait comparer à de la petite monnaie d'or; ni cet esprit frivole et imperceptible de Marivaux, jeton frappé au coin du mauvais goût; ni celui de Bacon, qui ressemble aux billets de banque et condense infiniment de valeur en peu d'espace; mais une sorte d'esprit neuf et unique, si bien frappé, si net, si brillant, si solide, que madame de Necker osait dire: *C'est de l'esprit en médailles*.

Cependant Montesquieu n'avait prétendu faire qu'une critique et non un tableau. D'autres observateurs vinrent, qui s'érigèrent *ex professo*, en peintres des mœurs, et qui réussirent assez mal, tout en déployant des talens de plusieurs genres.

Duclos est *serré*, sec, précis ; mais sans imagination, sans grâce. Il voit, mais il ne peint pas. Il pénètre sans beaucoup approfondir, sans jamais échauffer. Il éclaire : jamais il ne met rien en saillie ; et le drame de la vie humaine a trouvé en lui un analiste froid et sévère, non un copiste vrai, ardent et fécond. Il prend le compas et non le crayon, le scalpel et non le pinceau.

Quant à Champfort, ses vues pleines d'esprit sont pleines de mauvaise humeur, et sa morale n'est guère que de la misantropie rédigée en épigrammes. Presque toutes ses pensées, légères et brillantes, semblent voltiger comme ces moucherons lumineux, qui éclairent un moment et meurent.

Tous deux ont bien discerné : tous deux ont répété habilement le mot de Montaigne : *distinguo*. Ils avaient le jugement qui sépare, analyse et décide : ils manquaient du génie qui assemble, concentre, crée et fait revivre dans un livre les formes fugitives des mœurs de la société, avec leur chaleur, leur vivacité, leur grâce.

Je ne citerai ni Molière, ni Lesage, ni Voltaire, ni Labruyère. L'observation faisait partie de leur génie, et même elle en était la base; mais leur place littéraire est fixée ailleurs. Le seul *essayist* français qui mérite de faire école est M. de Jouy. Les principaux caractères de son beau talent sont une vérité, une grâce et une malice qui tiennent à la fois (comme l'a dit M. Franklin D.) de Steele, de Voltaire et d'Addison.

Parmi les Anglais, il ne fallait pas oublier Swift et Sterne. Leur observation est plus oblique, mais elle n'est pas moins forte. J'adore Sterne et n'aime guère Swift. N'attendez pas un éclair de sensibilité de cet homme dur, brillant, tranchant et poli comme le diamant. Pour le pathétique et les émotions, il est stérile; mais pour l'amertume, la méchanceté, la profondeur, admirable. Roi de l'absurde, il vit dans l'ironie comme dans son atmosphère. La contre-vérité, la folie méchante, le sarcasme exagéré, voilà les élémens où son génie se sent à l'aise.

Il n'est pas fou, bizarre, singulier, sentimental comme Sterne....

Mais je sais que peu de Français rendent justice à Sterne. Et vous, mon ami, qui lisez par dessus mon épaule, et critiquez nonchalamment les lignes que je trace, permettez que je défende Sterne (1).

Vous avez raison dans votre répugnance pour ce Tristram Shandy, qui va naître au troisième volume, qui naît tout-à-fait au troisième, que le quatrième va mettre *en culotte*, et dont la vie n'est pas commencée, au moment où le livre finit. Votre esprit fin, délicat et juste, ne peut souffrir cette incohérence, pour ainsi dire somnambulique, cette chaîne toujours rompue, ce mélange de tous les tons, cette folie de tous les personnages, cette érudition pédantesque, ces équivoques fréquentes et cette espèce d'ivresse qui semble avoir dicté l'ouvrage.

En vous accordant beaucoup, laissez-moi demander un peu. Sterne, le plus bizarre des écrivains, ne pouvait naître qu'en Angleterre, où la nature se joue également du ciel et des hommes. Il y a plus, Sterne n'est lui-même que dans sa propre langue. Le grand nombre des

---

(1) Je ferai souvent, dans ces notes, usage des observations auxquelles ont donné lieu mes conversations avec cet ami, auquel je communiquai cette traduction.

lecteurs étrangers est forcé de l'admirer sur parole. Comme ces vins liquoreux, spiritueux, légers et délicats, il a tout perdu dans la traversée.

Lisez Sterne avec votre âme. Il demande cette *intuition* de sensibilité, que vous possédez si bien. Livrez-vous, ne critiquez pas. Laissez-le s'attendrir, et vous attendrir sur ces douces folies de l'humanité; voyez-le rire et pleurer tour à tour sur toutes ces pauvres marottes de l'espèce humaine, qu'il aime, qu'il respecte, qu'il plaisante et qu'il plaint.

Admirez cette bonté native qui éclaire comme un rayon la demi-intelligence de Toby et de Trim. Comme la seule douceur de leurs ames donne tout à coup du ressort et de la lumière à ces esprits épais, lourds et grossiers! Voyez comme en privant tous ses personnages, excepté le père Shandy, de toute prétention à l'esprit, il les fait vivre uniquement par le sentiment et la sensation, et balotte ces pauvres diables entre leurs passions, leurs désirs et les inspirations de leur bon cœur.

Incertain, sans but, et jamais embarrassé de la route qu'il suivra, Sterne se livre toujours à la Providence; il marche en avant, sûr de trouver quelque avenue secrète qui le ramènera dans le labyrinthe du cœur humain. Il y entre, il y pénètre, il s'y égare; il y trouve tantôt ce Lefebvre dont l'histoire fait toujours pleurer; tantôt cette pauvre veuve Wadman qui déteste les blessures; tantôt les discussions du père, excellente satire de l'esprit systématique anglais; tantôt la manie des conquêtes; tantôt les femmes; tantôt les hommes; toutes les conditions, toutes les sociétés, tous les âges; abandonnant un tableau pour un autre, quittant ce qu'il commence, reprenant ce qu'il a quitté; mais toujours si attrayant qu'il faut le suivre, toujours si vrai qu'il étonne; mais vous donnant une suite de tableaux de chambre-obscure, si nette, si vive, si piquante, que vous courez sans vous en apercevoir d'une peinture burlesque à une peinture touchante, d'un portrait de Vandyck à une esquisse de Callot, et de Rubens à Rembrandt.

Il n'y a chez lui que des digressions; mais chez d'autres écrivains, les digressions fréquentes ressemblent à ces troupes étrangères, dont la présence dépose contre le courage et la liberté d'un peuple, qui l'asservissent souvent et le déshonorent toujours. Chez Sterne, les digressions ne peuvent passer pour des digressions véritables; elles sont tout. C'est la masse, c'est le peuple même ; nation variée, bizarre, bigarrée, toujours un peu ivre, et qui rappelle le peuple de Venise aux jours de son carnaval.

Je l'avoue, j'ai une passion pour ce ministre de l'Evangile. Il fait rire; mais ce talent lui est commun avec mille autres. Son mérite, c'est d'être peintre, philosophe, romancier, sermonaire, pathétique et bouffon tout à la fois. Il s'amuse à nous donner les bacchanales de tous les talens. Parent bâtard des plus heureux génies, il fait pleurer, il fait rire, il fait penser.

LETTRE III.

Paris, 20 novembre 1816.

La lecture des journaux est devenue mon occupation favorite; j'y trouve cependant peu de chose : on ne laisse publier ici que bien juste ce qu'il faut pour ne pas laisser sans alimens la curiosité publique.

Les journaux ne disent rien de Napoléon; il semblerait que cet homme n'a jamais existé, et si l'on demandait à cent personnes, prises au hasard, où est aujourd'hui ce personnage, je parie que les trois quarts répondraient : *Je n'en sais rien.*

Dans les salons et dans les assemblées particulières, il règne une assez grande liberté de discussion: mais les journaux se taisent; et s'ils nous informent, avec la gravité la plus solennelle, des moins intéressantes minuties de la cour, ils laissent de côté tout ce qu'il y a d'important à savoir.

Paris me plaisait, Paris m'enchante. La nouveauté, en s'évanouissant, ne lui ôte point son charme. Plus je vois, plus j'admire. J'ai été au théâtre. Quel jeu! quels acteurs! quels talens!

Talma, mademoiselle Duchesnois, Lafond, dans la tragédie; mademoiselle Mars, Baptiste, Michot, Damas et Fleuri, dans la comédie, ce sont là des talens sans exemple, dont la perfection brave l'éloge et la description des plumes les plus exercées. Je les ai vus; j'ai joui de leurs merveilles. Je trouve dans la fréquentation de ce Théâtre-Français (*le premier*, dit Chesterfield, *de tous les theâtres anciens et modernes*), le triple avantage de former mon goût, d'apprendre la langue et d'observer les mœurs du peuple.

C'est ici le pays natal du plaisir, de l'élégance et de la grâce. Jugez de ce que doit être l'opéra d'une nation pareille ; l'opéra, qui n'est fondé que pour concentrer et réunir en un foyer tout ce que les arts ont de grâce et d'élégance. Le premier effet de cette magie sur mon esprit est impossible à décrire : j'étais ravi, j'étais hors de moi.

A la plus mélodieuse mollesse succédaient les majestueux éclats d'une harmonie bruyante comme le tonnerre. L'accord d'une foule d'instrumens divers, la beauté des voix, la grâce et l'expression des cantatrices; les danses, plus voluptueuses et plus riantes que tout ce que l'imagination prête à la Grèce; une magnificence de décorations vraiment éblouissante ; des palais, des bois, des rochers, des déserts, plus beaux, plus sombres, plus merveilleux que la nature, tout me transportait dans un pays enchanté.

J'ai trouvé chez les actrices de ce théâtre plus de grâce et de charme que de beauté réelle. Ce qui était surtout nouveau pour moi, c'était cette aimable variété d'attitudes, cette séduisante mollesse de regards et d'accens, qui s'accordent toujours avec les situations de la pièce, et semblent promettre un luxe d'imagination, une dignité d'esprit et une sensibilité de cœur aussi délicieux qu'inattendus.

A Paris sont deux ou trois excellentes églises protestantes, où l'on prêche tour à tour en anglais et en français. Mais ici la religion n'est guère à la mode, et je trouve un beaucoup trop grand nombre de ces êtres malheureux, qui, suivant l'expression de Socrate, « *aiment mieux* » *végéter comme l'huître insensible*, *que* » *d'aspirer à l'essence immortelle des* » *Dieux!* »

Il n'est pas vrai que la richesse soit nécessaire pour jouir d'une grande ville : Paris en est la preuve. Une médiocre fortune y donne peut-être des plaisirs plus vifs que ne le ferait un immense revenu. Le décorum, l'étiquette, le rang, la prépondérance dans le monde sont les ennemis des véritables jouissances, qui ne sont rien sans liberté. Par exemple, pour les riches la danse est une étude ; pour les pauvres un bonheur. Le menuet est né à la cour ; la walse nous vient des chalets de la Suisse. O nobles et aimables élégans! hommes de bon ton, voyez danser les habitans du hameau, et dites si en vous élevant au dessus de vos semblables, vous n'avez pas perdu des plaisirs.

LETTRE IV.

Paris, 26 décembre 1816.

Vous parlerai-je de politique? C'est de tous les sujets le plus difficile et le plus périlleux. Vous entretiendrai-je des gens du ventre et des salariés du ministère; des capucins en habit de ville, et des niais en habit de cour; des ridicules brodés, et des vices couverts d'or? Non, je sais trop bien que le papier est indiscret, et j'aime mieux garder un prudent silence que de lui confier ce que tout le monde sait, et ce que tout le monde tait, dans le pays où je me trouve.

C'en est fait!

Astrée a fui la terre et regagné les cieux (1).

(1) *Terras Astræa reliquit.*

L'âge d'or s'est éclipsé ; la féodalité est rentrée sous terre. Il a fui ce bon tems, où le simple bourgeois défrayait toutes les dépenses du noble qui voyageait dans ses domaines. Aujourd'hui l'homme titré est obligé d'avoir des chevaux, des carrosses, des meubles à lui. Sa noble rapacité ne peut s'emparer de ce qui appartient aux fermiers et aux propriétaires. Qui le croirait ! un noble angevin, un *marquis à vieilles prétentions*, qui a voulu se servir de la maison d'un de ses anciens vassaux comme si elle lui eût appartenu, et qui s'est permis de mettre au pillage une maison de campagne qui n'était pas à lui, cet homme de l'autre siècle, qui en a un moment exercé les droits, est devenu la risée de tout le monde, et l'on ne parle maintenant dans les salons que de sa burlesque audace et de son désappointement comique.

Je vais souvent à deux petits théâtres, le Vaudeville et les Variétés. Ils m'ont offert une distraction amusante. Brunet fait rire; Potier fait éclater. La niaiserie de l'un et la charge de l'autre sont depuis long-tems en possession de divertir Paris. Personne ne sait mieux qu'eux, faire vivre, agir et parler la caricature de la folie, de la bêtise et du ridicule. Ils sont excellens;

Mais souvent l'équivoque et la pointe vulgaire,
Et du jargon poissard l'obscénité grossière,
Impriment leur souillure au talent de l'acteur,
Font rougir la beauté, révoltent la pudeur (1).

Il y a ici plus d'un piége tendu à l'honnêteté, à la cupidité, à la richesse et à l'imprudence. Les *maisons de jeu*, surtout, abîmes ouverts par le Directoire, et placés aujourd'hui sous la protection immédiate du gouvernement, engloutissent des millions de numéraire

(1) ..... *To feel the hateful wounds*
Of jest obscene aud vulgar ribaldry
The illbred question and the lewd reply.

et de victimes. Tous les jours, sous les yeux de la police, ces maisons continuent leurs spéculations sur le sang et les larmes ; tous les jours elles laissent échapper de leurs portes le jeune homme qui va se détruire, ou le scélérat qui attend le passant, l'assassine, et va dans deux mois monter sur l'échafaud.

On ne trouve pas à Paris un seul établissement de cette espèce, mais mille : il y en a dans tous les quartiers de la ville. Une lanterne funèbre annonce la destination de ces repaires. Les napoléons roulent sur les tables, qu'entourent une multitude de frénétiques : les imprudens y entrent ; les désespérés en sortent ; le crime et la rage y sont en permanence ; et la caisse de la police reçoit ces honteux produits.

J'ai vu ces horreurs ; j'ai vu des syrènes hideuses prodiguer dans ces gouffres leurs dégoûtantes caresses à des jeunes gens qui, dans les bras de ces ignobles Armides, dévoraient leur patrimoine, leur santé, leur existence et leur honneur : « *Malheureux*, dit Chesterfield, *qui courent à la perte, à l'infamie, au désespoir; sans esprit, sans amis, sans fortune, sans vigueur, sans facultés, ils traînent au tombeau leur squelette épuisé, leur honte et leur repentir.* »

LETTRE V.

Paris, 7 janvier 1817.

NOTRE hiver a été jusqu'ici d'une froideur et d'une humidité excessives. Depuis mon arrivée, je n'ai pas vu douze beaux jours : le brouillard succède à la pluie, et la pluie à la neige. Point de trottoirs ; de mauvais pavés : le passager n'a rien qui le défende contre l'impétuosité des chevaux, la maladresse d'un cocher ou la chute d'un essieu ; les cabriolets et les fiacres le menacent perpétuellement : il faut, pour se préserver des atteintes de leur course rapide, autant de légèreté que d'attention. Qu'un trottoir semble commode, et que l'on bénit sa fortune lorsque le hasard vous l'offre ! Mais, excepté au *Palais-Royal*, aux *Tuileries*, *rue des Colonnes*, *rue de Rivoli* et *place des Vosges*, il n'y a pas ici de trottoirs.

Pourquoi cependant accuser Paris ? Le manque de trottoirs est le *péché originel* des villes gothiques.

La semaine dernière, je fus présenté au docteur *Bell*, d'Edinbourg, fameux chirurgien : c'est un *ci-devant jeune homme*. Il est maigre, il est petit ; son air est sardonique, et sa conversation l'est davantage. On retrouve aisément dans son sourire toute l'ironie amère qui a coulé si souvent de sa plume. La première fois que je le vis, je l'entendis proposer à sir *William Drummond* (1) de composer une lettre anonyme destinée à noircir leurs amis communs.

Il y a une religion à Paris, et une religion dont les formalités sont remplies

---

(1) Savant et poète anglais.

scrupuleusement : c'est la religion des étrennes. Le 1er janvier de cette année, toutes les loges de portiers ont été remplies de cartes; tous les amis et tous les parens ont été se voir, pour ne se voir pas. Chacun a fait ses visites, et personne ne les a reçues: car, ce jour, toutes les portes sont fermées, et personne n'est chez soi : c'est la règle.

Les étrennes ont une fort savante origine; et, si je voulais faire briller ici mon érudition, rien ne me serait plus facile que de citer à propos d'étrennes, Tatius, Romulus, Ovide, Banier, Voltaire, M. de Jouy. Je me contenterai de vous dire que c'était une coutume romaine, et que, sous Auguste, elle était en grande vigueur. Les chrétiens crurent y trouver je ne sais quelle saveur du paganisme, et commencèrent par se l'interdire; mais bientôt ils l'adoptèrent comme un témoignage innocent d'amitié, de gratitude et d'estime.

Le cardinal Dubois, après avoir distribué des cadeaux à tous ses valets, faisait approcher son intendant, auquel il disait d'un air très-grave : « *Mon cher*, » *je vous donne tout ce que vous m'avez* » *volé.* »

Rien de plus élégant, de plus riche et de plus splendide que les boutiques des joailliers, des bijoutiers, et surtout des confiseurs, aux approches du jour de l'an. Ces derniers surtout se distinguent par une telle magnificence, que la foule qui s'amasse devant leurs boutiques, obstrue presque entièrement le passage ; des sentinelles, placées à la porte, sont chargées de maintenir l'ordre ; et ce n'est pas un spectacle médiocrement risible que ces baïonnettes menaçantes, destinées à garder le *Grand-Monarque*, le *Diablotin*, le *Fidèle-Berger*, et tous ces palais de dragées, et toutes ces merveilles sucrées que l'on y vend au poids de l'or.

Allez au café, dînez chez un restaurateur, le premier jour de l'année; le garçon ne manquera pas de vous offrir un petit cornet de bonbons, proprement roulé, et couché dans un petit panier. Lui demandez-vous le prix du cornet, il répond d'un ton aimable et obséquieux : « *Ce qu'il vous plaira, Monsieur!* » Le garçon attaque, par ce peu de paroles, votre vanité, votre générosité; et, ordinairement, il gagne ainsi trois fois le prix du cornet.

Où êtes-vous, mon ami? Où vous êtes-vous laissé entraîner par le souffle puissant du commerce? Est-ce le pôle arctique, sont-ce les régions torrides de l'Afrique qui vous possèdent? Assis auprès de votre foyer tranquille, lisez-vous cette lettre à vos enfans; ou bien votre femme l'ouvre-t-elle, pendant que son mari réside au milieu de l'orageuse colonie d'Haïti?

Je n'en sais rien; et vous seriez aujourd'hui dans la lune, que je n'ignorerais pas plus complètement votre destinée. Je ne vous en écris pas moins. Le démon de la plume m'obsède; et, à la manie d'observer, se joint chez moi la rage de griffonner.

Que de sujets d'observations! quelle variété! quelle bigarrure! Je sortais d'un salon où l'instruction s'était montrée aimable, la politesse bienveillante, la légèreté gracieuse et noble, et le bon ton aussi simple que l'esprit indulgent. Je tombe tout à coup sur un boulevart que des flots de peuple inondent; j'entends de grossières invectives; et ma risée, et ma pitié, et ma douleur, se trouvent tour à tour excitées par le spectacle étrange de ces lazzis et de ces grimaces, de ces mendians et de ces pauvres, de ces carrosses et de ces haillons, de ces hôtels et de ces tréteaux qui frappent mes regards de tous côtés.

On ne voit pas ici les nègres avec la répugnance que nous leur témoignons en Amérique. A la table d'un riche commerçant, j'ai rencontré naguère un jeune nègre ; ce visage d'ébène me surprit d'abord ; bientôt j'appris que c'était un marchand d'Haïti, fort lié avec sa noire majesté Henri Ier.

J'ai vu beaucoup de nègres à Paris ; et j'ai cru apercevoir, au milieu des ténèbres de la nuit, quelques Laïs plus sombres encore que la reine du silence. Ces odalisques de Nigritie avertissaient à la fois tous mes sens ; il était impossible de s'y tromper.

Chassez la nature par la porte, elle revient par la fenêtre :

Pastillos Rufillus olet (1).

---

(1) Horace :

Chacun a son odeur : Rufille exhale l'ambre,
Gorgon du porc immonde exhale la saveur.

LETTRE VI.

—

A JULIE.

Paris, 21 février 1817.

Oui, grondez-moi, Julie ! Vos réprimandes me sont chères ; vos injures me plaisent, et votre jolie colère a des charmes pour moi.

Vous me demandez à grands cris des détails sur Paris : j'aimais mieux, dans mes lettres, m'occuper de vous que de ce qui m'entoure ; mais, puisque vous le voulez, j'obéis ; et ce sera pour vous plaire encore, que je parlerai de ce qui n'est point vous.

Amie des arts, habile dans la peinture, douée d'un goût vif et délicat pour toutes les jouissances pures de l'imagination et de l'intelligence, vous serez bien aise de m'entendre raisonner tableaux. Malgré mon ignorance dans ces matières, j'ai été au Louvre, à votre intention, et j'ai jeté, en songeant à vous, un œil attentif sur toute la galerie. Elle est encore magnifique, aux yeux de qui ne l'a pas vue il y a dix ans.

On y trouve des foules de tableaux de toutes les écoles. La peinture allemande, flamande, hollandaise, française, italienne, vénitienne, lombarde, romaine, y sont toutes, par députés. Quant à l'Angleterre, elle n'a rien envoyé; aussi n'a-t-elle pas d'école.

J'ai vu quatre *Déluges*. *Carrache*, *Véronèse*, *Poussin*, *Girodet* ont exercé leurs pinceaux sur ce beau sujet. C'est Poussin que j'aime : son petit tableau est un poëme épique.

Il n'y a plus de soleil : au milieu des

immenses nuages qui le couvrent, ce grand œil du monde semble prêt à se fermer. Des torrens de pluie noircissent l'horizon dans le lointain, et presque toute la terre est submergée. A peine un roc se montre-t-il au dessus des eaux, qui semblent croître et s'élever, tant la magie du pinceau est merveilleuse! Le serpent, antique auteur de tant de maux, se glisse le long du rocher, au pied duquel une barque chargée de malheureux vient faire naufrage; des hommes à cheval, des noyés qui luttent encore, se montrent à la superficie de l'onde. Une mère, placée sur le bateau en débris, tend ses bras, et cherche à passer à son mari, qui est sur le roc, son enfant, qu'elle veut sauver; mais elle ne peut atteindre à la hauteur de ce dernier : la figure des malheureux parens peint le plus profond désespoir. Sublime idée, qui suffirait pour ranger Poussin à la tête des poètes et des philosophes (*a*).

Je confie au porteur de cette lettre la *Delphine* de madame de Staël ; ce livre ne peut manquer de vous plaire. L'héroïne vous ressemble autant que je ressemble peu à Léonce. Pourquoi Delphine était-elle trop sensible ? Pourquoi ressentait-elle les malheurs de tout ce qui l'entourait ? Pourquoi le vice même, dès que l'infortune l'avait frappé, devenait-il pour elle un objet sacré ? Son caractère était grand, son ame forte, son esprit élevé : mais trop supérieure à tout ce qui l'entourait, personne ne lui pardonnait cette supériorité qui blesse toujours les amours-propres ; mais trop noble pour s'abaisser à cette continuelle et minutieuse menterie des convenances sociales, elle a fini par s'entourér d'ennemis. On reconnaît son mérite en lui portant envie ; on l'aime en lui faisant du mal. Elle se nuit à elle-même par cette impétueuse vivacité de sentimens qui la caractérise ; et cependant l'admiration l'environne quand on la voit, par la seule énergie de son ame, triompher de toutes les douleurs et de tous les malheurs, et s'élever au dessus de la destinée.

Note de l'Editeur.

(*a*) Il serait un ouvrage, beau à faire, qui demanderait l'œil de l'artiste, l'ame du poète, la pensée du philosophe. Il faudrait peindre avec la plume, et analyser ensuite avec une sagacité parfaite ce que l'on aurait colorié avec fidélité, éclat et vigueur. Il faudrait être critique et créateur, avoir du goût et de la sensibilité, saisir la poésie dans le technique de l'art, la philosophie dans le choix des formes, la pensée dans les contours du dessin, ne laisser échapper aucune des beautés extérieures, ni des beautés morales ; il faudrait se faire l'interprète de quatre hommes de génie. Je n'ose le faire. Il serait beau d'y réussir, mais bien téméraire de l'oser.

Paul Véronèse, Carrache, Poussin et Girodet ont traité le Déluge. Il s'agirait de comparer leur talent, leur exécution, leurs tableaux; de pénétrer dans le secret de leur génie, de chercher où est la plus profonde pensée, où sont les plus nobles formes, où la plus grande simplicité se réunit à la plus grande énergie.

Carrache a tracé de belles académies; Paul Véronèse a opposé de brillantes nuances; Girodet a médité une combinaison terrible; Poussin a fait de son tableau un morceau éloquent, un hymne, un drame, un poëme épique.

La scène de Girodet appartient à toutes les inondations. Carrache, tes hommes qui se noient pourraient se noyer partout. Paul Véronèse, tes étincelans contrastes de couleurs déplaisent à mon œil qui cherche le deuil de la nature.

Dans Poussin, je vois la mort de l'univers, la colère de Dieu, l'extinction de la race humaine; et cette toile qui me dit tant de choses a huit pieds de largeur seulement.

Le gigantesque règne chez Girodet; le beau

déploiement des formes humaines chez Carrache ; le luxe des teintes chez le Vénitien ; le sublime, le simple, le pathétique et le profond chez ce Français, chez ce grand homme, Poussin, dont le froid Raphaël Mengs disait sèchement : « Il a fait de bonnes ébauches. »

Carrache avait plus d'habitude à dessiner, sous toutes ses faces, le corps humain ; personne n'approchait de Véronèse pour la richesse de la palette ; peu de peintres ont la tête aussi grandiose que Girodet. D'où vient que Poussin les surpasse ?

C'est par l'ame, source des arts. Oui, Vauvenargues, tu as dit vrai, les grandes pensées émanent de ce foyer éternel, comme les rayons échappent du soleil, père de la vie.

Poussin, dans son Déluge, fit, non un tableau, mais une élégie sur l'homme victime de la colère du Tout-Puissant. Couvant dans le fond de son cœur la pensée mélancolique et religieuse, source de tous les chefs-d'œuvre, il a demandé à l'art une composition qui montrât, non simplement de belles couleurs et de belles formes, mais le monde désolé, le soleil mourant, les flots maîtres de l'air, et se promenant sur la face de la terre devenue un tombeau ; et dans le lointain, sous un rayon de lumière, l'Arche sainte, signe de la clémence, l'Arche qui porte les destinées et le salut de l'univers.

Jean-Jacques prétendait que le serpent était le principal acteur de la scène. Selon le sensible Bernardin, l'enfant soutenu par sa mère, et prêt à périr, était la principale idée de l'auteur. Qu'il soit permis à un inconnu de différer d'opinion avec ces grands hommes. L'Arche sacrée, l'Arche protectrice, le rayon de soleil lointain, la promesse du pardon, au milieu de la colère terrible du ciel ; tel est, suivant moi, le but du tableau.

Oui, la belle chose, la grande idée, c'est cette arche conservatrice si cruellement agitée, comme la vertu au milieu des orages de la terre, et triomphant cependant par la volonté de l'Etre suprême. C'est l'humble justice sans puissance, c'est la faible vérité sans forces : ô pensée admirable ! la colère de Dieu n'est point aveugle ; le juste sera sauvé !

C'est là le dénouement de ce bel ouvrage ; et quand je l'ai appelé un poëme épique, je n'ai point exagéré mes impressions. Que demande-t-on au poëme épique ? l'unité dans ses parties, une grande catastrophe dans l'histoire des nations, un grand but, une forte moralité; tout est dans le tableau du Poussin.

Quelle est cette famille si belle, cette tendre mère, ce père courageux, ce père aïeul, soutenu sur les épaules de son fils ? Ils ont atteint le sommet d'un rocher sur lequel croît un arbre. Le fils tient d'une main sa famille déjà submergée ; son père, qu'il soutient, s'attache d'une main débile à cet arbre qui ploie et se rompt sous le poids du terrible fardeau qu'on lui impose. Tel est le tableau de Girodet. Au milieu de la grandeur de sa conception, de la vigueur de son dessin, de sa hardiesse, de sa force et de sa beauté, l'ame désolée cherche un but, une cause, une justice, et ne trouve, dans cette scène d'horreur, qu'une accusation contre la Providence, et un sujet de désespoir.

LETTRE VII.

Paris, 15 mars 1817.

Je ne sais ce que peut être le carnaval de Venise. La splendeur de celui de Paris m'a étonné. J'aime cette mascarade qui change tous les objets, renouvelle tout, et donne à une grande ville l'air d'un théâtre grotesque.

Bergères, faunes, arlequins, polichinelles, rois, sauvages et pantalons m'ont accosté plus d'une fois. Leur démarche, tantôt légère, tantôt grave, leurs attitudes diverses, leur solennelle gaîté et leur étrange accoutrement forceraient un philosophe de rire. J'ai vu plus d'une Diane en falbalas chercher, rue Saint-Honoré, l'Endymion de la nuit prochaine.

Le dernier jour du carnaval, le *mardi gras*, on a promené dans les rues de Paris, avec une pompe vraiment triomphale, un cortége éblouissant, et une profusion de drap d'or, de broderies et de paillettes, ce bœuf vénérable, qui porte sur son dos un petit Cupidon bien portant; ce bœuf consacré, que tous les enfans de Paris savent être le *bœuf gras*.

Il y a ici un sentiment général et unanime au milieu d'une extrême divergence d'opinions: c'est la pitié pour *Bonaparte*, prisonnier des Anglais. On peut haïr l'ancien despote; mais tout le monde plaint le captif. Toutes les nuances de partis s'accordent en une chose: la haine et le mépris dont Hudson-Lowe et le cabinet britannique se sont volontairement couverts.

Eternelle infamie de l'Angleterre! Elle a porté la cruauté dans la perfidie, et la bassesse de l'espionnage dans l'atrocité de la persécution.

Mais jamais il n'y eut de générosité dans les actes politiques de ce gouvernement. Les malheureux qui lui ont demandé sa protection l'ont toujours trouvé sans désintéressement, sans générosité, sans foi et sans honneur. L'héritier du trône d'Ecosse est jeté par l'orage sur les côtes d'Angleterre : Henri IV le fait saisir et le renferme en un cachot affreux (1), où il le confine pendant plusieurs années. Marie Stuart, vaincue par ses propres sujets, et réduite à trembler sans cesse pour sa vie, croit échapper à leur violence en cherchant un refuge chez son alliée, sa cousine et sa sœur, Elisabeth. L'exécrable reine la couvre d'outrages, l'étouffe en feignant de l'embrasser, et

(1) Voyez page 65; *note de l'Editeur.*

finit par faire rouler sa tête sur les marches du trône d'Angleterre. En descendant de ces siècles reculés jusqu'à nos jours, on trouvera toujours dans la politique anglaise le même caractère de perfidie et de cruauté.

Je viens de voir le plus affreux des spectacles, une exécution publique. Un nommé Coquelet, condammé à mort pour vol et assassinat, a reçu le trépas devant mes yeux. Cette combinaison si froide et si adroite d'un mécanisme de mort, m'a pénétré de sentimens tristes. Je me demandai si ce droit terrible n'était pas une usurpation de la société; et tout en remerciant le médecin philantrope qui a remplacé la hideuse potence par la simple décollation, je détournai mes regards avec une horreur profonde.

Quel spectacle !

Il se penche : « Frappez! » D'une voix calme et fière
Le coupable a parlé. — La hache meurtrière

Brille, tombe..... Et frappant le sol épouvanté,
Sa tête roule loin du tronc ensanglanté.
D'un flot rouge et fumant la terre est arrosée,
Le marbre s'en imprègne : effroyable rosée!
Sa lèvre se torture en des efforts muets,
Son œil roule, étincelle..... et se fixe à jamais (1).

Qui a lu cette description de Byron, a vu l'affreux spectacle; et j'éprouve en la relisant toute l'horreur qu'il me causa.

---

(1) Lord Byron, poëme intitulé : *Parisina*.

LETTRE VIII.

Paris, 30 mars 1817.

VÉNÉRABLE retraite des vieux soldats, monumens vivans de la gloire et du dévouement à la patrie, l'hôpital des Invalides est un des lieux que j'aime le mieux à visiter. Sa noble et brillante architecture renferme trois ou quatre mille vieux militaires blessés : il n'est pas au monde de palais dont la magnificence soit plus sublime par elle-même, par son emploi, et par les idées qu'elle éveille. Cet élysée militaire, cet asile si noble des vieilles gloires et des victimes de la guerre et de ses dangers, est situé sur les bords de la Seine, à la porte de Paris. Une belle esplanade s'étend jusqu'au quai. De jolis jardins, des feuillages frais annoncent l'entrée de l'édifice, et de vastes cours sont distribuées à l'intérieur et à l'extérieur.

Il y a une bibliothèque. Elle est composée de voyages, de livres amusans, de romans, d'histoires des campagnes de la France, d'ouvrages militaires : choix heureux et spirituel. Quels livres en effet offriraient un intérêt suffisant à ces anciens soldats, qui, dans leur vie aventureuse, énergique et brillante, semblent avoir épuisé l'intérêt de la vie, et la force des plus vives et des plus ardentes sensations!

Napoléon aimait cet établissement : il voulait lui consacrer plusieurs millions et lui donner le plus grand éclat. Souvent il venait rendre visite aux compagnons de sa vieille gloire : l'enthousiasme, l'amour, l'admiration et les larmes l'entouraient.

Jacques d'Ecosse avait eu l'intention

de fonder dans son pays un hôpital d'invalides (*a*).

—

Note de l'Editeur.

(*a*) Deux fois, M. F. D. a parlé de cet excellent roi, James Ier. C'est le Henri IV de l'Ecosse. Beau et brave, poète et guerrier, roi populaire, il porta dans un tems barbare la délicatesse de son ame, dans un tems fanatique sa tolérance, dans un tems d'ignorance le génie mobile et harmonieux du poète.

Il n'est rien de plus touchant que le souvenir de ce prince. Toutes les vertus ornèrent sa vie, toutes les grâces l'embellirent, tous les malheurs l'accompagnèrent.

Le roi Richard le fit son prisonnier à l'âge de onze ans. On le renferma dans le château de Windsor, où se compléta son éducation. Des maîtres de toute espèce trouvèrent en lui un élève plein de dispositions heureuses. Dans sa triste solitude, il apprit le latin, le grec, la musique, les armes, l'équitation, la danse et le pugilat, que dans ces tems féodaux on apprenait aux fils des rois, et que l'on n'apprend plus à nos bourgeois de Paris et de Vienne.

Le jeune captif trouva moyen d'embellir sa prison. L'amour et la poésie vinrent habiter avec lui ; et sans eux, que serait la vie elle-même ? une prison bien sombre. Rousseau le disait, et toutes les ames qui ont quelque sympathie avec la sienne, le répéteront : « Don- » nez-moi le repos, l'étude, les fleurs et l'a- » mour, un noir cachot me sera doux. »

Un soir, James aperçut de sa croisée une jeune femme, qui, dans un jardin voisin de la tour où il faisait sa demeure, tressait des fleurs. « Sa taille était plus élancée que » la tige du jasmin qui se balançait près d'elle. » Ses cheveux blonds étaient retenus par un » double rang de pierres noires mêlées de quel- » ques saphirs. Sur son cou, plus délicat que » le calice rose de la rose blanche, brillait une » étincelle de feu : c'était une émeraude en » forme de cœur. Sa robe d'azur se montrait » sous le vêtement de soie blanche à jour, » qu'elle laissait flotter au dessus. Modestie, » beauté, fierté, douceur, élégance, vous » vous réunissiez en elle. »

Tel est le portrait que lui-même nous a laissé de lady Jane. Il l'aima : pour elle il fit des vers ; il dut à sa douce poésie les succès de son amour ; et il dut à son amour la fin de sa captivité.

On lui accorda lady Jane. La politique crut voir dans cette alliance le moyen éloigné de réunir l'Ecosse à la couronne d'Angleterre. Il revint : tout le royaume était en feu ; l'aristocratie, toujours usurpatrice, avait étendu ses deux bras, l'un sur les droits du souverain, l'autre sur les propriétés du peuple. C'est ainsi qu'il arrive toujours, quand on abandonne à ses progrès naturels cette plaie des nations, ce vieil ulcère, qui ne cesse de s'agrandir, qui fait son profit de tout et qui ne sait rien réparer.

Le bon James osa être le roi du peuple. Comme Henri IV, il avait été homme par le malheur ; et cette fraternité de l'infortune avait ouvert à tous les sentimens généreux son cœur naturellement humain. Il s'occupa des arts mécaniques ; il s'assit au coin du feu de tourbe de ses pauvres sujets ; il ne fit que des choses utiles ; il borna ses dépenses ; il retrancha plusieurs impôts ; il châtia les nobles ; il soulagea le peuple.

Bon roi ! oui ton nom vivra ; oui ta mémoire sera bénie. En vain les pauvres et les communes t'adoraient ; comme Henri IV tu es tombé victime de ton patriotisme. Les grands t'ont bassement assassiné. Ton amante, ton amie, ton épouse, lady Jane, présentant son sein aux poignards, reçut deux coups mortels et ne put te sauver. Puisse un faible hommage rappeler sur toi l'attention et les pleurs de quelques hommes honnêtes !

Les nations sont injustes et les hommes sont ingrats. Un faible Charles VI, un extravagant Léon X perpétuent leur mémoire. D'inutiles renommées passent à travers les siècles ; mais toi, guerrier, législateur, poète, toujours héroïque, aimable, sensible, généreux, martyr de ton peuple, James, tu es oublié.

Que Walter Scott prépare ses couleurs ; qu'il vienne. Que son beau talent, dans le tissu d'une fable intéressante, et au milieu d'une galerie de mœurs locales, se complaise à nous montrer James ; la rusticité des mœurs écossaises ; la galante simplicité du jeune prince, élevé dans une solitude mélancolique, studieuse, champêtre ; les chansons nationales dont il composa les paroles et la musique, et dont les échos de Loch-Leven répètent encore aujourd'hui les notes tendrement plaintives et mollement prolongées : les jeunes beautés qui ornaient sa cour ; le souvenir de cette héroïque lady Jane, son ange tutélaire pendant sa vie, et expirante sur son corps sanglant ; cette bonhomie d'un roi, cette franchise cordiale de l'un des hommes les plus instruits de son siècle ; cette bienfaisance, cette aménité ; cette vie, cette mort ; que de teintes à mêler ensemble, pour en composer un de ces charmans tableaux qui font revivre l'histoire dans tous ses détails, les mœurs dans toutes leurs singularités, et les hommes, les événemens, les passions, dans leur variété infinie ! Viens, ô Walter Scott, toi dont l'érudition profonde dans les mœurs antiques de ta contrée est éclairée par un si rare talent d'observation ; viens et consacre tes pinceaux à cette chose rare, le souvenir d'un bon roi !

J'ai vu Windsor-Castle en 1814. C'est un vieux château sombre, dont les tourelles noires s'élèvent comme des fantômes du sein d'une mer de verdure. Le pavillon anglais qu'il supporte paraît se cacher et se perdre dans ces nues massives qui pèsent sur l'atmosphère anglaise. Les murailles irrégulières suivent les contours d'une colline plus irrégulière encore. J'ai payé, comme en Angleterre, le droit de visiter l'intérieur du château, où toutes les beautés du quinzième et du seizième siècle, où toutes les plus belles aïeules de nos duchesses actuelles ont leurs portraits noircis attachés aux panneaux.

On me dit : « C'est dans cette tour que » James passa quinze années de sa jeunesse; » et je fus ému. C'était la plus haute et la plus noire. J'y montai : j'y vis la fenêtre qui laissait entrer le jour dans ses appartemens, et l'armure toute rouillée qu'il avait portée autrefois.

Les poëmes que ce malheureux prince a laissés brillent de beautés d'un ordre supérieur. Sa versification, mêlée de dialecte écossais et de vieilles locutions, serait plus pure que celle de Chancer, si cette particularité ne la déparait quelquefois. Je ne connais nul poète dont le rhytme soit aussi harmonieux, et dont le vers coule avec une grâce plus délicate et plus molle. Ecoutez ces quatre vers :

Worship, all ye, that lovers be, this may
For, of your bliss the kalends are begun.
And sing with us, away, winter, away
Come, summer, come, the sweet season and sun.

Venez, amans, sur ces rives fleuries!
Voici le jour de vos douces féries ;
De vos concerts saluez le printems,
Appelez-le, ce doux roi des amans!
Fuis, sombre Hiver! emmène ta froidure ;
Viens, doux Printems, amour de la nature!
Soleil, reviens à nos cœurs amoureux
Donner tes fleurs, ton feuillage et tes feux!

The King's Quair, par James, renferme l'histoire poétique de ses amours avec lady Jane. Rien de plus naïf, de plus doux et de plus touchant. Nous en citerons encore ce couplet, où le malheureux jeune homme déplore sa captivité, et appelle les délices de l'amour :

Oft, would I think, O Lord, what may this be,
That love is of such noble myght and kynde?
Loving his folke, and such prosperitee
Is it of him, as we in books do find :
May he our hertes setten and unbynd :
Hath he upon our hertes such maistrye,
Or is all this but feynit fantasye?
For giff he be of so grete excellence,
That he of every wight hath care and charge

What have I gilt to him, or done offense,
That I am thral'd and birdis go at large?

Souvent me dis : « Ciel ! qu'est-ce que l'Amour ?
Est-il si beau, courtois et débonnaire,
Et si terrible et si doux tour à tour ?
Est-il bien vrai que nos cœurs il enserre
Dedans sa main ? Ses romangs me l'ont dit :
Voudrais bien voir si ce qu'ils ont écrit
C'est vérité ? Mais, las ! triste barrière
Ici renferme et mes pas et mon cœur.
Je suis réduit à rêver le bonheur !
Tu n'es pour moi qu'une vaine chimère,
O doux Amour ! Mon ame est prisonnière
Comme mon corps. O dieu ! que t'ai-je fait
Pour m'enlever ma liberté si chère ?
Si jeune encor n'ai commis nul méfait,
Et si pourtant je vois dans la forêt
Petits oiseaux de leur aile légère
Voler, s'ébattre et chanter leur amour,
Tandis qu'ici je gémis tout le jour. »

LETTRE IX.

—

A JULIE.

Paris, 8 avril 1817.

Ma Julie, ne vous excusez pas de cette heureuse facilité qui caractérise vos lettres! leur grâce molle et leur délicatesse naturelle me plaisent cent fois mieux que toutes les formes académiques. Il y a un enchantement difficile à décrire, dans cet abandon avec lequel vous *desserrez votre cœur*, suivant l'expression de madame de Sévigné. De grâce, ne changez rien à ce style délicieux.

Souvent, dans mes rêveries solitaires,

je réfléchis aux points de ressemblance qui se trouvent entre vous et la Julie de Rousseau : ma Julie, comme son homonyme, est douée de passions vives, et d'un esprit profond et juste ; comme elle, parée de toutes les grâces et de toute la douceur des anges.

Peut-être songez-vous quelquefois aux momens si doux que nous passâmes à lire les chefs-d'œuvre ce ce grand homme ! Que de doux momens! Que de charmantes soirées ! Avec quelles délices nous dévorâmes ces confessions, où Jean-Jacques a dévoilé tous les mystères intimes de son être : hardi projet, qui a révolté la plupart des hommes.... ils savent trop qu'ils ne gagneraient guère à se montrer à nu comme lui !

La magie de son style fait sur les ames sensibles l'effet que les sons de l'harmonica produisent sur les hommes d'une organisation délicate. Il remplit l'esprit et le cœur de cette voluptueuse et rêveuse mélancolie, si chère aux personnes qui vous ressemblent. Il entoure la vie d'une auréole brillante, fruit de son imagination et de son génie : vapeur fantastique, ardente et passagère.

Vous m'enviez le bonheur de voir face à face les premiers personnages de l'époque : vous êtes jalouse du plaisir que me cause le jeu de Talma, de mademoiselle Duchesnois, de mademoiselle Mars. Mon regret est de ne pas partager ce bonheur avec vous. Vous seriez enchantée de cette douce, charmante, admirable actrice, mademoiselle Mars. Son talent d'imitation est inimitable. Personne n'est plus naïf, personne n'est plus adroit ; on n'a ni plus de coquetterie, ni plus d'innocence. Il y a dans son jeu une apparence de sincérité, une force de naturel, qui sont le dernier terme de l'art, et qui, en détruisant l'appareil de la scène, entourent cette actrice unique d'un charme qui n'appartient qu'à elle.

L'aisance la plus parfaite caractérise son jeu. Elle joue dans son salon, et, maîtresse d'elle-même, ne laisse pas échapper un geste qui ne soit vrai, pas un accent qui ne soit la nature. La société n'offre pas d'exemple d'une grâce aussi parfaite que celle que déploie cette actrice unique. Au milieu d'une gaîté bruyante ou d'une violente passion, son ton change, sa voix s'altère; elle s'arrête, et dit, avec le naturel le plus rare, un mot d'une innocence naïve ou d'un pathétique déchirant. Son sourire est délicieux; sa voix est douce et suave; chacun des muscles de sa jolie figure l'embellit d'une expression particulière, et lui donne un charme nouveau. Au milieu des scènes les plus difficiles, on entend retentir de toutes les parties de la salle, ces mots si flatteurs: *C'est cela! Quel naturel! Comme c'est vrai!*

A côté de l'aimable, de l'unique mademoiselle Mars, se montre l'aimable Fleury. Si mademoiselle Mars a les grâces de la femme, dans toute leur coquetterie, dans toute leur finesse, dans tout leur charme, Fleury a celles de l'homme de cour, dans toute leur élégance. Déjà vieux, il paraît jeune à la scène; et ses traits et sa démarche ne font pas encore de contraste bizarre et choquant avec la légèreté de son ton.

S'il faut en croire le bruit public, il est reconnu pour être, en Europe, le maître de la révérence. Il la fait, dit-on, avec plus de grâce, de délicatesse et d'amabilité que personne; ce à quoi j'ajoute sans peine une foi entière.

Je l'ai vu, en effet, se baisser et se relever pour ramasser le gant de l'actrice qui jouait avec lui, et j'ai profondément admiré la grâce noble qu'il a montrée dans cette occasion. Dans les *Deux Pages*, il est inimitable. Un vieux monsieur, qui se trouvait près de moi, jura qu'il ressemblait parfaitement à ce grand monarque, et que lui-même en était bon juge, puisqu'il avait souvent vu Frédéric-le-Grand dans sa jeunesse. Le prince royal de Prusse fut, dit-on, tellement touché de cette étonnante imitation, que, croyant revoir et entendre les traits, les gestes, la voix, l'accent de son illustre parent, il quitta le théâtre les yeux pleins de larmes, et, le lendemain matin, envoya à Fleury une boîte d'or avec le portrait du grand Frédéric entouré de brillans.

Ah! Julie! je voudrais vous parler de Talma; mais je n'ose approcher de ce beau sujet. Il demanderait l'éloquence de madame de Staël. Modèle pour les sculpteurs et pour les peintres, objet d'étude pour tous les artistes, Talma est beau comme une statue grecque, profond comme Tacite, véhément comme Pindare. Tous ses gestes se succèdent avec la force et la grâce que Phidias et Polygnote eussent données à leurs ouvrages. Ses draperies tombent avec une si pittoresque élégance, que Rubens et Michel-Ange ne leur eussent donné ni plus de richesse, ni un plus grand goût. Sa voix est magique et fait sortir du fond de l'ame, au moyen d'un ou deux mots, tous les sentimens qu'elle renferme. Il frappe au cœur avec une énergie irrésistible. D'autres demandent du tems, des préparations, de l'appareil enfin, pour émouvoir les hommes : lui, dans un salon, sans pompe extérieure, au milieu de ses amis, fronce le sourcil, étend la main, dit un vers, et aussitôt allume dans l'ame de ceux qui l'écoutent, le feu de la passion qu'il exprime.

Les ultras affectent de lui opposer Lekain, et même de le lui préférer : l'un étant fils de la révolution, l'autre de la monarchie, Lekain seul peut avoir du talent.

Dans *l'Hermite de la Guiane*, vous

trouverez un charmant article, intitulé *Trève à la Politique*, où cette fureur injuste est critiquée avec autant de force que de sel, et où un brave vétéran de la féodalité prouve, sans réplique, que tout comédien non féodal est un pitoyable acteur.

LETTRE X.

Paris, 24 avril 1817.

L'HIVER a été affreux. Le printems renaît; l'air s'épure. Déjà

> Promesse de l'automne, embryon du printems,
> Le bouton s'enveloppe en ses langes vermeilles (1).

La belle saison s'annonce ici avec une fraîcheur et une suavité qu'elle n'a jamais eue par delà l'Atlantique.

J'ai assisté dernièrement à une séance de la Chambre des Députés : le palais est un des plus beaux édifices de Paris. La façade en est magnifique ; les pro-

(1) Vers de Cowper. Voyez page 89, *Note de l'éditeur.*

portions en sont parfaites, les ornemens exécutés avec un soin extrême, et les statues et les bas-reliefs d'un travail admirable. L'intérieur forme un demi-ovale, terminé par une galerie, et garni des siéges des députés. Les ministres et leurs adhérens occupent les derniers rangs. A côté, se trouvent les rédacteurs des journaux qui copient les débats. La tribune consiste en deux pupitres, dont l'un domine l'autre, et est occupé par le président, et dont le second, destiné aux orateurs, a un double escalier qui sert à y monter. Le jour où le roi doit parler, un dais magnifique remplace cette double tribune.

Souvent la séance offre un spectacle plus comique que grave. Les interruptions sont fréquentes; et à la morgue aristocratique, se joint la turbulence des passions de l'oligarchie. L'orateur qui exprime un sentiment ou une pensée désagréables à la majorité, ne peut continuer son discours; les hourras et les injures couvrent sa voix : il lutte quelque tems, fait tête à l'orage, et finit par emporter son oraison, en adressant des reproches à ses interrupteurs. Spectacle bien scandaleux et bien étrange, dans une nation comme la nation française.

Trois divisions politiques partagent la Chambre des Députés : les ultras, qui, passant toutes les bornes de la raison et de la civilisation, creusent le tombeau de leur pays; — Les constitutionnels, qui veulent unir aux primitives notions de l'égalité humaine, la stabilité et la force de la monarchie ; — Les républicains, sur lesquels on n'a guère d'idées bien nettes, et qu'un journal anglais, que j'ai sous les yeux, divise en trois classes ; anarchistes ; bonapartistes ; républicains royalistes, ou doctrinaires.

Pour les anarchistes, on peut hardiment nier leur existence. Personne aujourd'hui ne désire le renversement de l'ordre. Les plus vieux révolutionnaires, ceux, en très-petit nombre, qui ont échappé aux feux du tropique, aux sables de Sinnamary, aux proscriptions, aux vengeances, aux prisons, et aux orages de leur vie, ne demandent plus aujourd'hui que le repos et un asile pour reposer leur tête blanchie. Eux-mêmes, on pourrait le jurer, ont mêlé à leurs anciens principes, des idées plus calmes et plus saines; l'adversité les a frappés, et l'expérience les a instruits.

La majorité française est bien certainement républicaine à la fois et royaliste ; c'est-à-dire qu'elle demande à la fois une constitution libre et un état tranquille.

J'admire ce Luxembourg, qui sert aujourd hui de palais aux pairs de France, et dont les destinées sont singulières. Bâti par une reine ; habité, avant la révolution, par Louis XVIII ; prison révolutionnaire, en 1793; palais du Directoire, ensuite palais du Sénat, il a vu, comme la France, toutes les bizarreries de la fortune se succéder dans son sein.

Une architecture lourde, mais solide et forte; des masses assez basses, mais distribuées avec une certaine élégance; un intérieur d'une grande richesse; un jardin délicieux; des tableaux, des bustes, des statues : voilà le Luxembourg.

On vient de discuter le budget. M. Laffitte, président de la Banque de France, s'est immortalisé. Son discours a été fort, concis, nerveux, positif et sublime à la fois. Souvent il a improvisé pour répondre à diverses objections; et ces effusions spontanées ont atteint la plus haute éloquence. « Vous voulez, a-t-il dit à la » fin, rendre à la religion sa primitive » splendeur. Ah! Messieurs! tant de luxe » n'est pas nécessaire pour prêcher la » pénitence et les vertus de l'Evan- » gile. »

La tribune française retentit souvent de paroles éloquentes, énergiques et fleuries. Cependant elle ne me semble point parvenue encore à son dernier degré de perfection : elle est trop pompeuse, et la rhétorique qu'elle prodigue est trop élégante : voilà son seul défaut. La politique s'arrange mal de tant d'ornemens ; et le véritable exemple de l'éloquence parlementaire, c'est cette simplicité fière et mâle, et cette éloquence sortie du fonds des choses, que M. Laffitte, M. Manuel, M. Foy, M. Royer-Collard, M. Benjamin-Constant, il est vrai, ont fort souvent atteinte.

Vous me demandez d'autres nouvelles ? La Seine, autour de l'île Louviers, a prodigieusement grossi ; elle couvre aujourd'hui ses rivages... mais que vous importe ?... On va se servir du gaz pour l'éclairage de Paris ; et l'on vient de publier un volume de lettres traduites de notre Franklin, le Socrate moderne. Je trouve ces trois nouvelles dans mes tablettes. Faites-en votre profit. Autre nouvelle aussi importante. C'est le duc d'Orléans qui a obtenu la permission d'employer le gaz à l'éclairage du Palais-Royal.

27 avril.

Masséna est mort. Le héros de Gènes, négligé depuis quelque tems; cet homme chargé de gloire et de richesses, après avoir jeté tant d'éclat sur la scène du monde, est descendu obscur dans le tombeau.... Les réflexions se pressent sous ma plume ; mais l'état des choses est si incertain, mais les hommes sont si timides, mais le pouvoir est si méfiant, que, sur ce continent européen, une vérité que l'on essaie de tracer, dévore presque toujours son homme.

Vous voulez connaître ma vie dans ses plus légers détails : elle est bien simple.

Je me lève de bonne heure ; les hôpitaux où je me perfectionne dans mon art reçoivent mes premières visites. J'entre au café Procope, et je déjeûne où déjeûnèrent Voltaire, d'Alembert et Diderot. Le café en question n'est plus fréquenté aujourd'hui que par des poètes, des politiques et des acteurs ;

Id genus omne (1).

Entouré de ces causeurs, et un journal sous mes yeux, je savoure ma tasse de café. A midi, je vais assister aux leçons éloquentes et élégantes de M. Richerand, dont la politesse et l'amabilité égalent le savoir. Le reste de la journée est livré au hasard, mais tourne toujours au profit de mes observations. D'autres cours, quelques lectures, des promenades variées, le spectacle, des

---

(1) Horace :

Et toute cette espèce......

courses lointaines dans les environs et les faubourgs, occupent mon tems.

Etudions l'homme, mon ami. Ne le voyons pas seulement dans les salons, mais sous le chaume; osons même sonder la profondeur de sa corruption et l'horreur de ses vices. Descendons dans les repaires du crime et dans les asiles de la débauche, pour en tirer des leçons, des expériences, des essais et des remèdes. Etudions l'homme : c'est la seule étude que l'homme ait négligée.

Note de l'éditeur.

(*a*) Cowper, fou mélancolique, a fait des vers sans poésie, qui vivront par la sensibilité. V. sa vie par *W. Hayley*; 4 vol. in-8. Londres.

LETTRE XI.

Paris, 15 mai 1817.

NAPOLÉON, suivant les auteurs du *Quarterly Review*, précipita les arts, plutôt qu'il ne favorisa leurs progrès.

Eh! mes amis les critiques, que faites-vous donc, je vous prie, des Gérard, des Girodet, des David, des Guérin? Dites-nous pourquoi, en si peu d'années, la seule école française a réuni le mérite des écoles allemande, italienne et flamande? Pourquoi le grand David a retrouvé la grâce divine de la pureté antique? Pourquoi l'aimable Prudhon a rappelé, par la rondeur de ses contours et l'habileté de ses compositions, le charme angélique du Corrège? Pourquoi Girodet, au coloris de Rubens, a joint un grandiose si souvent sublime et une vigueur si gigantesque? Pourquoi Gérard a si bien entendu la composition, et donné de si belles machines, exécutées avec un pinceau large, facile et brillant? Pourquoi Gros a peint les batailles avec tant de feu, de choix et de succès.

Je sors de la galerie du Louvre. Excusez mon enthousiasme. Le 24 de ce mois on a ouvert cette exposition bisannuelle, qui offre une masse étonnante de toutes les classes de talens. Egalement occupé des tableaux sur toile et des originaux vivans qui m'entouraient, j'ai passé plusieurs matinées au milieu de cette foule mouvante et immobile, examinant tour à tour les êtres réels et les êtres créés par l'imagination des peintres, avec un extrême plaisir.

Le souvenir du vieillard, le mot de

l'enfant, le jugement de l'homme de lettres, l'épigramme de l'homme du monde, les questions naïves du peuple, rien ne m'échappe ; je recueille tout, je charge mes tablettes et ma mémoire ; et en étudiant les tableaux, j'étudie la nation.

Le *Martyre de saint Etienne*, par M. Abel de Pujol, offre de superbes parties. Le *Meurtre d'Abel*, par Drolling, est aussi plein de mérite. Mais on a remarqué surtout trois chefs-d'œuvres : l'*Entrée d'Henri IV à Paris*, par Gérard. Tableau vaste, composé avec art, mais un peu confus ; offrant des têtes de l'expression la plus belle ; colorié avec vigueur, mais poussant au noir ; enfin remarquable sous bien des rapports, mais non à l'abri de toute critique. *Enée racontant ses aventures à la reine Didon*, par Guérin. Tableau délicieux sur lequel je reviendrai : et *Clytemnestre assassinant son époux*, autre tableau, plus admirable peut-être encore.

Le roi des rois, Agamemnon, est endormi sous les trophées qui ornent la dernière retraite de son palais. Une lampe, qui n'est pas aperçue, éclaire le torse vigoureux d'Agamemnon. Devant cette lampe, un rideau pourpre, interceptant les rayons de la lumière nocturne, ne laisse passer et ne projette qu'une hideuse et sanglante lueur, qui va colorer tout le premier plan.

Clytemnestre, le poignard à la main, est prête à franchir le seuil de l'alcove; mais son corps chancelle; mais dans l'hésitation de son ame, elle s'appuie toute entière sur la jambe la plus éloignée de l'action; le poignard se détourne dans sa main; tout son corps se contracte; tous ses cheveux se hérissent; et sur sa figure concentrée, le crime, pesant de tout son poids, imprime un terrible caractère.

Cependant Egisthe la pousse vers le

roi ; il s'appuie de toute sa force sur elle ; il semble lui dire : *Il dort ! hâtez-vous !* La lune, que l'on aperçoit par une ouverture, cache sa lumière pour ne pas éclairer le crime. Ce tableau est sublime de pensées, d'exécution et de couleur. Tout y est grand, tout y est vigoureux et antique ; la poésie de la peinture ne saurait aller plus loin.

Je passe à un genre de tableaux bien différent : ce sont les intérieurs de M. Drolling. Vous n'imaginez pas avec quel charme et quelle vérité ce peintre parvient à rendre les scènes de la vie domestique et les moindres détails d'une cuisine, d'un salon, d'une salle à manger. Les jeux de lumière, si fréquens dans les petits appartemens des grandes villes ; ces papiers noircis ; ces lambris tachés ; ces tables polies ; ces ustensiles communs, qui semblent répugner à la peinture ; il les rend si bien, que ses tableaux deviennent de véritables *panoramas* domestiques. De tous les peintres, nul n'a mieux reproduit la nature inanimée.

A côté de Paris, est un petit village nommé Sceaux, situé dans un joli paysage. Là se donnent pendant le printems des bals, où l'amour et la jeunesse trouvent leur compte. Un orchestre discordant, un jardin magnifique, un beau tems, une foule de jolies femmes, des danses vives, gaies et légères, des sentiers ombreux, des bourgeoises de comédie, des petits-maîtres, des militaires et des commis; toute cette bigarrure ne laisse pas que de me surprendre, de m'amuser beaucoup, et de reposer mon imagination, fatiguée d'avoir admiré la Clytemnestre et l'Egisthe.

LETTRE XII.

—

Paris, 20 mai 1817.

Je viens de voir l'apôtre du jour; j'ai assisté à une conférence de M. Fraissynous. C'est un homme déjà âgé, dont la figure est noble et l'aspect sévère, sans être trop dur. Sa physionomie est caractérisée, quoique assez courtoise; il unit le ton du courtisan au langage de l'apôtre.

Son discours était fleuri, adroit, sans trop de véhémence et d'enthousiasme; mais assez touchant et assez élevé pour persuader et pour plaire. On voit aisément qu'il a un but et qu'il ne dit pas tout ce que sa pensée renferme. Prédicateur de sa majesté, homme du monde et homme de cour, il fait tourner au profit de ses doctrines et de la fin qu'il se propose les circonstances et les idées du moment, jusqu'aux passions et aux erreurs. Il laisse fort habilement de côté les dogmes et les sectes, les discussions et les abstractions. Il ramène le christianisme à la pure morale ; et c'est bien certainement ce qu'il a de mieux à faire.

Les Tuileries, le Luxembourg, les Champs-Elysées ; trois jardins superbes, où une verdure bien distribuée, des jets-d'eau entretenus avec soin offrent une promenade et une vue enchanteresses. C'est de l'art, direz-vous ? Oui ; mais c'est encore de la nature ; et si ces vastes forêts et ces plaines, que l'on nomme des parcs, vous plaisent en Angleterre, toujours est-il vrai que vous n'y trouvez pas ces parterres élégans, ces corbeilles odorantes, ces gazons mêlés et entourés de fleurs diverses, ces jets-d'eau qui rafraîchissent la vue, la verdure et l'air ; ces dessins gracieux, qui mêlent aux charmes de la nature les jeux réguliers du pinceau ; ces statues disposées avec art, et qui rappellent à la fois la gloire athénienne et la belle mythologie grecque.

Une *conspiration*, *oui*, *mon ami*, une conspiration est découverte : on le prétend du moins. Voilà tous les politiques en campagne. Il s'agissait d'un grand assassinat. J'y croirais peut-être si le nombre, la fréquence et la folie de ces bruits ne m'avaient blasé sur les conspirations.

Vous connaissez M. Arnault, ou du moins vous connaissez ces fables spirituelles et ces tragédies énergiques qui lui ont assuré un des premiers rangs parmi les littérateurs de son pays. Proscrit par la vengeance de la politique, il est aujourd'hui en exil. Une tragédie de sa composition, lue aux comédiens depuis long-tems, et reçue avec acclamation, vient de causer ici le plus violent orage.

On a voulu représenter cette pièce sur le Théâtre-Français. Ouvrage d'un banni, ouvrage d'un ancien ami de Bonaparte, et de l'auteur de *Marius à Minturne*, *Germanicus*, où brillent une foule de beaux vers et de sentimens patriotiques, a déplu aux hommes qui n'aiment ni les uns ni les autres. Interrompue avant la fin du second acte, par une troupe qui n'était apparemment venue là que dans cette intention, la tragédie de la scène occasiona bientôt une tragédie plus réelle.

On se battit au parterre, et des cartes furent échangées. Les jours suivans on n'entendait parler que de duels. M. Moncey se battit contre le duc Fitzgerald, et le jeune A... contre le trop célèbre M.

Dissertation sur le Baiser : tel est le titre d'un bizarre ouvrage que je viens de trouver en bouquinant, et que je vous envoie (*a*).

Note de l'Editeur.

(*a*) L'auteur de cette *Dissertation sur le Baiser* était chapelain d'un pape, Innocent IV. Il s'appelait *André*. La dernière édition est de 1614. On en peut voir le manuscrit à la Bibliothèque royale, sous le n° 8758. Nous ne saurions affirmer précisément que le morceau qui suit, et qu'un de nos amis nous communique, en soit littéralement extrait, comme cet ami nous l'assure.

PETITE DISSERTATION SUR LE BAISER.

In two or three, there's no mischief.
BISHOP BURNEY.

Un ou deux par hasard, ce n'est point un péché..
L'ÉVÊQUE BURNEY.

—

Oui, je l'ai promis, et qui eût pu le refuser? *Une Dissertation* sur.... O vous toutes, femmes trop sévères, méthodistes, prudes, dévotes, fermez les yeux, sautez bien vite cette page, sautez encore l'autre ; elles ne sont faites ni pour les puritaines en amour, ni pour les avares de plaisir, ni pour les tartufes d'indifférence.

Vous l'avez ordonné, *Giannina!* voyez à quoi vos caprices m'exposent. De toutes les fantaisies qui peuvent errer sans lest et sans gouvernail à la superficie d'un esprit féminin, la plus dangereuse était celle-ci. Quoi! me livrer à la vindicte d'un corps de l'état, me forcer à offenser des classes tout entières, et à déplaire à des catégories! C'est une tyrannie, et je veux le dire au monde entier.

Afin cependant de m'excuser autant que possible, j'avertirai les lectrices bénévoles que, depuis huit jours, j'ai le rare bonheur de connaître un savant fameux; que ce savant prend beaucoup d'intérêt à mon instruction; qu'il entasse chaque matin, dans les dix ou douze pieds de mon cabinet de travail, tous les trésors de la sainte antiquité, toutes les merveilles littéraires de l'Orient et du Septentrion, et que, grâce à mon érudit, les scaldes et les jongleurs se trouvent déjà tous là, dans un petit coin, pêle-mêle avec tous les raconteurs d'Arabie, et tous les rabbins qui, depuis la naissance du monde, ont écrit de droite à gauche sur de la peau de mouton préparée.

Cette poussière subtile, qui s'imprègne de science en séjournant dans les entre-pages des vieux livres, se répandant et circulant dans mon musée, a, par je ne sais quel miracle, pénétré la substance de ma cervelle. Hier, vers les six heures de la soirée, j'ai cru sentir une poudreuse ivresse s'emparer de moi-même; j'ai dit : « Je serai savant, » et d'une plume désespérée, j'ai tracé, à la tête de mon papier in-folio, ces mots héroïques : *Dissertation sur...*

Déjà l'imagination tressait sur ma tête le pesant laurier des inscriptions et belles-lettres; mes yeux obscurcis ne voyaient plus, à travers un nuage, que caractères phéniciens et lettres arabes; je sentais naître en moi un amour pour les lexiques, une affection pour les bouquins, un vaste désir de compiler; tous les honneurs de l'érudition m'entouraient de leur auréole.... *Giannina*, qu'êtes-vous venue faire? Imprudente, vous avez tout détruit; et profitant de ma rêverie pour saisir le léger bout d'aile qui devait opérer ces merveilles, vous avez ainsi rempli le titre : *Dissertation sur* LE BAISER.

Je murmurais. « Oh ! *poveretto*, dit l'Italienne, vous êtes bien malheureux vraiment !... L'académie des Arcades m'eût adressé vingt sonnets en *e*, en *i*, en *o*, pour une telle pensée. Je serais déjà, au moment où je vous parle, *Phylli*, *Chloride*, ou *Alphesibea ;* et mon nom figurerait l'année prochaine à la tête des mémoires des *Incatenati*, des *Furiosi*, ou des *Incogniti*. De quoi vous plaignez-vous ? le sujet ne prête-t-il pas ? n'est-il pas vaste, aimable, vieux comme le monde, et cependant toujours neuf ? Depuis l'humble respect du baisement de mains jusqu'au plus tendre... »

DISSERTATION.

« Il est vrai, comme l'assurait et le prou» vait l'érudite, que le Baiser, sujet de l'essai » que je soumets au lecteur, et que je com» mence avec courage, comprend tous les de» grés de la politesse française, depuis la sim» ple marque de plaisir, jusqu'au signe de l'af» fection la plus vive. Léger comme l'Iris, » inapercevable dans sa durée, insaisissable

» dans ses effets, impossible à peindre dans » son ivresse...... »

— Ce n'est pas ainsi, me dit-elle, qu'il faut commencer. Soyez plus grave ; ménager ses ressources, économiser ses moyens, est le secret du plaisir et du talent.

Je posai ma plume. J'étais désolé de me voir arrêté au milieu d'une phrase si éloquente. J'avais trempé ma pensée, comme dit ce singulier Diderot, « dans les couleurs de l'arc-» en-ciel. » On me renvoyait sur terre. Je me fâchai, et je repris avec une colérique gravité, d'un ton nasal et monotone, d'un ton de bonhomme :

« Kempius, auteur allemand, qui a écrit » disertement *De Osculis*, sur les Baisers, en » un volume in-12, aujourd'hui rare, loue » fortement cette coutume romaine, qui dé-» fendait aux pères de donner à leurs sages » compagnes des baisers publics. *Plinius major*, » Pline l'ancien, affirme gravement que les » maris de l'ancienne Rome cherchaient à s'as-» surer, par un baiser sur la bouche, si leurs » femmes avaient bu. On lit encore dans *Plou-» tarchos*, Plutarque, comment Caton l'ancien,

» censeur fort respectable (ce qui se voyait » alors), raya un sénateur du tableau, pour » avoir donné, en présence de sa fille, des » *baisers* trop passionnés à sa femme.

» Action grave et solennelle, le baiser dans » ce tems.... »

— Ah! dit l'érudite, en bâillant avec une grâce de langueur et d'ennui toute séduisante... avocat, pouvez-vous passer aux baisers de l'ère chrétienne ?

Je fus très-mécontent.

— Vous m'interrompez avec aussi peu de politesse, Madame, que les orateurs du parlement ceux qui leur disent leurs vérités.... Vous avez voulu de l'érudition, vous la dévorerez en silence. Je continue :

« Les empereurs romains baisaient sur la » bouche les sénateurs qui entraient et qui sor- » taient.

» Tibère ne voulait baiser personne ; Domi- » tien présentait sa main ; Héliogabale mor- » dait.

» Le sale père de Vitellius le gourmand » baisait sans cesse la vieille pantoufle de l'im- » pératrice, relique amoureuse qu'il conservait

» dans son sein et sur sa peau. C'est Suétone
» qui le dit, *Suetonius*. *Tacite* affirme que l'é-
» pouvantable Néron donna un baiser à sa mère
» le soir qu'il la quitta avant de l'envoyer à la
» mort. Ce que M. Toulotte, dans son histoire
» des empereurs romains, d'ailleurs philoso-
» phique et précieuse, eût bien dû conserver et
» désigner à l'indignation des siècles.

» On trouve tout dans la sainte Bible; et
» de tous les baisers poétiques, celui que je
» préfère lui appartient. Il est tiré du cantique
» des cantiques: « Tes lèvres, ô bien-aimée, sont
» comme une bandelette de pourpre, sous le-
» quel des perles brillent: c'est un rayon du
» miel le plus doux, et ton baiser distille un
» nectar plus suave que le lait, plus délicieux
» que l'encens (1). »

» Les poètes ont chargé leurs rimes d'une
» multitude de baisers, entre lesquels vous me
» permettrez de choisir. Ceux du bon *Homère*
» sentent terriblement leur mythologie; et ces
» ris, ces jeux, même cette vieille ceinture,
» me glacent toujours quand je les rencontre.

---

(1) *Verbatim*

» Chez *Ossian*, les baisers ressemblent un peu » trop à ces froides caresses de la lune, à ces » caresses molles et vaporeuses que toi seul » exprimas, pinceau mystérieux de *Girodet*. » J'aime le délicat Horace, qui donne pour » accompagnement aux baisers, l'ombre, le » silence, les doux chuchotemens et le mys- » tère (1); *Catulle*, qui les demande avec tant » de vivacité, tant d'abandon et de grâce (2); » et surtout la tendre Sapho qui s'écrie :

« Oui, vous m'êtes plus doux que le zéphyr » au milieu des chaleurs de l'été; que l'onde » qui murmure, tombe goutte à goutte à travers » les feuilles, et répand sur les fleurs odorantes, » la fraîcheur, l'éclat et l'amour (3). »

» C'est là du sentiment, de la poésie et de » la passion; ou nous n'y connaissons rien, » *Giannina !*

» Le galant *Naso*, que nous appellons Ovide, » (par décence), a semé les baisers dans ses

---

(1) *Lenes sub noctem susurri.*

(2) *Da mi basia mille*, etc.

(3) ...... *Aithusomenôn dè phullôn*
Koma katarrhei. (HERMOGÈNES, *de Formis.*)

» ouvrages ; mais il est toujours l'homme à
» bonnes fortunes, l'ingénieux roué de son
» époque. « Qui a pris un baiser, dit-il, et s'est
» contenté de le prendre, n'est pas digne de
» l'avoir reçu (1). »

» Le terrible *Juvénal* se plaint amèrement et
» avec assez de mauvais goût, que de son tems
» un baiser attrapait toujours son homme à la
» glu, tant les jolies femmes de Rome avaient
» rendu commun l'usage des pâtes et des cos-
» métiques (2).

» Les *Jésuites* ont aussi leurs baisers. »

— Passez, dit *Giannina!*...

« Les baisers de *Jean Second* sont élégans ;
» ceux de *Dorat* sont faciles ; mais dans leurs
» recherches de sybarisme, tous ces poètes
» n'ont pu atteindre à l'énergique et divine
» simplicité du vers du Dante :

» *Mi bacciò la bocca tutto tremante.*

» Relisez le grand poète, ô vous qui sentez

---

(1) *Oscula qui sumpsit, si non et cætera sumpsit,*
Hæc quoque quæ data sunt perdere dignus erat.

(2) ..... *Labra..... viscosa mariti.*

» en vous la flamme, et qui voulez exprimer » à grands traits les émotions de la nature.

» Mais toi, monstrueux Shakspear, idole » des fanatiques, risée des ignorans, problême » pour le grand nombre; est-ce bien toi qui » as inventé cette jolie pensée, cette image » délicate, originale, brillante? « Leurs lèvres » rapprochées ne voulaient plus se quitter; » elles ressemblaient à ces cerises jumelles dont « la nature a uni les formes, le doux incarnat » et le nectar (1). »

— Maintenant, reprit-elle en riant, que vous vous livrez à votre mémoire poétique, vous en avez pour un tome de citations de tous les pays....

— « Au nom d'*Eros* et d'*Antéros*, les deux » génies qui présidaient au baiser chez les an- » ciens, vous serez punie de votre malice, » *Giannina!* Je veux ouvrir *Azon*, *Alciat*, » *Accurse*, les *feudistes* et les *légistes* de toutes » les classes. Vous apprendrez que le *droit du* » *baiser* fut un des articles les plus savamment

---

(1) *Love's Labour lost. A.* 1.

» traités par les jurisconsultes ; je vous forcerai » de lire dans Kempius que (1) le *baiser fait » rougir la femme de pudeur, et l'homme de » plaisir ;* je vous montrerai dans la glose d'Ac- » curse que le *premier baiser vaut son pesant » d'or ;* ce à quoi le commentateur ajoute : « Les » femmes le font valoir ; car *la fiancée est de » sa nature un animal très-avare. (Est sponsa ani- » mal avarissimum).* » Je compulserai *Bugnon,* » qui, dans ses *Loix abrogées*, se plaint de ce » que le baiser en France ne vaut pas grand » chose, et ne se *vend pas cher* (2). Plaignons » le président Bugnon, qui achetait apparem- » ment les siens. En vérité, Monsieur le prési- » dent, baiser acheté, auteur vendu, je n'en » donnerais pas une obole. »

— Abrégez, abrégez, dit-elle !...

— « Vous êtes bien pressée. Si vous raison- » nez encore, je vous garde un chapitre poli- » tique de cent cinquante-huit pages, intitulé : » *des Baisers entre vassaux et dames châtelaines ;*

---

(1) *Ex osculo vir capit gaudium, et sponsa verecundiam*, chap. 6.

(2) *In Galliâ oscula non tam carò venduntur.*

» plus un autre, *vice versâ*, *des Baisers entre vas-*
» *sales et seigneurs*. C'est là que j'établirai,
» d'après le savant Muratori, comment un vas-
» sal, convaincu d'avoir reposé ses lèvres sur
» une bouche seigneuriale, perdait la tête,
» au quinzième siècle, pour punition de son
» crime. »

Giannina secouait légèrement la sienne, et l'expression du doute se mêlait au sourire de cette jolie bouche qui fesait honte à Homère, Horace, Catulle, Dante Alighieri, Shakspeare, Dorat, Jean Second, les Jésuites et tous les auteurs précités de descriptions labiales, bacciales et érotiques. Quelle pensée subite avait traversé cette jolie tête qui semblait si peu faite pour penser !

J'y songeai quelque tems.

— « Je le sais, je vous devine ; vous me
» demandez si la vassale qui recevait le baiser
» du seigneur... Hélas ! oui, Giannina ; elle était
» aussi punie ! Si deux témoins déposaient du
» fait, elle devenait vassale et serve dudit sei-
» gneur pendant sa vie entière..... C'était la
» loi ! »

— Ah ! s'écria-t-elle.

— Ah ! repris-je en prolongeant cette note ténue, que la fatigue du travail, que l'ennui de la science, que la compassion pour la pauvre vassale nous arrachaient à tous deux !

Elle eut pitié de moi, et me chassant de mon fauteuil, qui n'a rien d'académique, et où cependant je commençais à radoter passablement, elle prit la plume. « Dictez ! » Je dictai :

— « Par quel rapport fin, subtil, inaperçu,
» répondez, médecins et physiciens de notre
» lumineuse époque ; répondez, vous pour qui,
» dans l'univers, il n'y a qu'une combinaison
» de ressorts, de poulies et de machines ; ré-
» pondez : par quel tissu délicat de fibres molles,
» par quel moyen hydraulique et géométrique,
» par quel *x* et par quel *z* algébriques, par
» quelle mixtion d'azote et d'oxygène, par
» quelle puissance d'attraction newtonienne,
» par quelle distribution du fluide magnétique,
» cette peau légère, cette douce enveloppe d'un
» sang vermeil, effleurée par une bouche ai-
» mée, double-t-elle la vie, change-t-elle
» l'existence, colore-t-elle les pensées, aug-
» mente-t-elle l'être ? Je ne m'étonne pas que
» madame Guyon, la mystique, ait appelé le

» Paradis *le long baiser de l'amour divin* (1).
» Oui, si la frêle organisation de l'homme pouvait soutenir long-tems cette sensation délicieuse, le Paradis lui-même.... »

Je m'appuyais, pour dicter, sur le dos du fauteuil. Giannina avait oublié un mot; je me penchai pour le lui montrer : sa tête, décrivant sur son cou charmant un léger quart de cercle, se retourna par une aimable politesse, sans que son corps se dérangeât le moins du monde. La plume tomba, la dissertation finit, et nous ne fîmes plus qu'une seule petite observation sur le baiser *Columbatim* (*à la Colombe*), dont parlent Varron, Tibulle et Polyhistor, et que je recommande aux jeunes savantes.

---

(1) Voyez les *Torrens de madame Guyon.*

LETTRE XIII.

Saint-Germain, ce 1er juin 1817.

Je suis depuis deux jours à la campagne, et n'ai rien à vous dire de Paris. Causons littérature.

Un Français vous a fait partager son admiration pour Delille; je ne vous blâme pas. On ne peut remplir l'Europe de son nom, et fonder une nouvelle école poétique, sans un mérite véritable. Mais permettez-moi d'examiner jusqu'à quel point il mérite le titre de grand poète que vous lui accordez.

Maître de son art, commandant à sa versification avec un empire qu'aucun autre n'avait peut-être encore eu à ce degré, il est libre sous les entraves poétiques de sa langue ; il exécute, malgré ses chaînes, les mouvemens les plus vifs et les plus rapides, comme ces bayadères de l'Inde, qui s'enlacent et frappent la terre d'un pied léger, élégant et vif, malgré les amulettes d'or et d'argent dont leurs jolis pieds sont chargés.

Beaucoup de nouvelles coupes de vers, beaucoup de formes singulières, fruits d'une fécondité et d'une variété de talent remarquables, sont dues à ce poète. Il a un autre mérite ; il est bon peintre, il sait tout rendre. Il prête à tous les objets une couleur poétique ; rien ne l'embarrasse, rien ne le gêne ; il imite la nature, comme les peintres flamands, avec fidélité, éclat, et un charme piquant, même dans ses plus minces détails.

Cherchez-vous ensuite chez Delille une imagination créatrice ? Lui demandez-vous les beautés, pour ainsi dire primitives, qui s'élancent sans aucun secours du sein du génie; cette originalité d'invention qui signale le poète, cette chaleur d'enthousiasme, ces vastes essors, cette tendresse de cœur, cette ardente ou paisible mélancolie, cette riante et magique imagination, qui font le charme immortel de l'Arioste, du Dante, de Milton, de Lebrun, de Lafontaine?

Non; jamais l'inspiration n'arracha ce poète à son sujet; si la facilité de la versification lui permit de faire couler dans des moules brillans les images et les pensées, jamais l'ardeur, la vigueur, la brûlante fécondité de ces pensées et de ces images ne l'entraîna, ne brisa le moule et ne le força de se prêter aux nobles hardiesses du génie. Ses élans étaient calculés, et il y avait du prémédité dans sa sensibilité même. Il emprunte à Goldsmith ses accens touchans et purs; à Milton quelques-uns de ses grands tableaux ; à Darwin ses amplifications brillantes ; à Thompson ses épisodes ; et perfectionnant tout ce qu'il touche, choisissant les tours heureux, épurant les traits de ces poètes étrangers, raffinant leurs pensées, polissant leurs figures, et embellissant le tout par de nouvelles formes de vers, il se donne pour un grand poète, et n'est qu'un habile artiste en poésie.

Il a beaucoup d'esprit ; et cet esprit, qui fait son éclat, fait aussi son malheur. L'abbé, en peignant le bonheur de la campagne, est encore abbé de cour ; cette main, qui tient le pinceau des jardins, semble chargée de bagues et entourée de manchettes. Il a toujours Paris devant les yeux, et le boudoir en perspective. Dans ses descriptions les plus riantes, un ton de toilette ne l'abandonne pas : sa sensibilité s'exhale en épigrammes bien tournées, et son enthousiasme en petits madrigaux sur la nature.

Ah! Delille, vos habitudes et vos idées vous égarèrent. Quand vous prétendîtes chanter le bonheur des champs, il fallait songer que cette vieille élégance de la monarchie, que cette urbanité piquante de l'ancienne cour, que d'excellentes études, et un long travail sur les formes poétiques ne suffisaient point; il fallait ne pas vous contenter de choisir, d'arranger, de disposer, de perfectionner, de traduire; il fallait observer, voir, admirer: la nature pose toujours.

En somme, je regarde Delille comme un très-grand versificateur, mais comme un poète secondaire. Il fut poète à force de lire, d'imiter et de choisir; il fut poète par l'élégance, la facilité et la variété de ses imitations; il atteignit ce point de hauteur, où peuvent arriver l'esprit, le travail, une oreille poétique et beaucoup de fécondité; mais, créateur dans les seules formes du langage, il laissa à des génies plus élevés les créations de la pensée, du pathétique et des tableaux.

LETTRE XIV.

Paris, 3 juin 1817.

Le monde connaît les mauvaises qualités de Bonaparte ; ses fautes ont retenti dans l'univers ; pourquoi ne pas publier aussi les nobles traits de son caractère ? Il était despote, il était conquérant. Il a enchaîné la liberté pour l'assassiner et pour hériter d'elle. Soit. Mais pourquoi ne pas permettre que le monde sache que ce même homme était humain dans les circonstances où ses vastes intérêts n'étaient pas en jeu ; qu'il était doux et bon dans le domestique ; que les affections de son cœur, quoique toujours subordonnées aux nécessités de son ambition, étaient vives, et même délicates; que cet homme, qui faisait rouler sur des nations, sur des cadavres de villes et de peuples, le char de sa politique, était bonhomme dans son intérieur; qu'il fut généreux; qu'il joignit à son profond mépris pour la bassesse contemporaine une profonde vénération pour le dévouement et la vertu, quand le hasard les lui offrait? Tel était pourtant son caractère.

Connaissez-vous l'*Homme rouge?* Oh! c'est un fort grand personnage que l'Homme rouge! le Nain mystérieux de Walter Scott n'est ni plus intéressant ni plus singulier.

Imaginez un petit personnage qui, la veille de la bataille des Pyramides, s'avisa de sortir de terre et de se placer debout sur un vieux tombeau égyptien, dans l'intérieur d'un de ces monumens gigantesques. Bonaparte eut une conversation avec lui. Bonaparte sortit très-gai de cette aimable entrevue. Bonaparte le retrouva ensuite sur le champ de bataille de la Moskowa, puis sur celui de Waterloo : et le petit bonhomme rouge, qui tenait lieu de destinée au César moderne, n'a plus reparu. Faites là-dessus, si vous voulez, un poëme, un roman, ou un conte.

C'est ici que la conversation est un art, un charme, un instrument délicat, dont on sait jouer avec plus de grâce que partout ailleurs. L'aisance du discours, l'amabilité des manières, cette simplicité élégante, cette coquetterie légère des femmes, ce ton à la fois aimable et franc, militaire et galant des hommes, cette apparente bienveillance, qui rend si douce la société, qui efface toutes les haines, qui fait oublier toutes les aspérités du caractère, voilà ce que n'offrent pas les autres pays, et ce que l'on trouve partout en France, dans les sociétés *comme il faut.*

LETTRE XV.

—

A JULIE.

Paris, 23 juin 1817.

O MA Julie! je viens de rêver délicieusement. Ce n'est ni la grotte de Vaucluse, ni la rive fleurie de l'Arno, ni quelque hermitage de la Sierra-Morena qui ont servi d'asile à mes méditations et protégé mes contemplations mélancoliques. Cependant la lune brillait, l'air était frais, une musique lointaine, *doux aliment de l'ame dans ses passions* (1), berçait mollement les émo-

---

(1) Music is the food of love. SHAKSPEARE, *twelfth Night*.

tions de mon cœur. A travers le feuillage j'apercevais d'heureux amans, qui glissaient comme des ombres. J'étais...... à Tivoli. Je répétai les vers du poète Southey (1) :

Combien la nuit est belle!
De l'immense océan des cieux
Dans la profondeur immortelle,
Tout est calme, muet, obscur, silencieux.
Des nuits la reine solennelle
Roule avec majesté son orbe glorieux!
Combien la nuit est belle!
Oui, le deuil de la nuit est la fête des cieux.

En effet, il y avait dans cette scène nocturne, dans cette fête, dans ce mélange d'ombres, d'amour, d'élégance, de musique et de plaisir, une volupté singulière. J'en jouissais : hélas! vous n'y étiez pas, pouvais-je jouir de rien?

« Grimm, me dites-vous, était un heureux homme. Il observait tout, jusqu'aux observateurs, et son métier était

---

(1) Voyez la *Note de l'Editeur* (*b*), page 132.

un plaisir. » Grimm était un esprit distingué. Il lui manquait un seul genre d'observation, celui du cœur. Sa finesse, son esprit, son instruction ne suppléaient point à ce défaut.

Il n'y a pas plus de différence entre le ciel et la terre, qu'entre le théâtre français et le théâtre anglais. Je les connais tous deux, et, bien qu'élevé dans les principes de la littérature anglaise, je suis forcé de convenir que le théâtre français me plaît davantage. C'est une des créations de l'esprit humain les plus instructives, les plus brillantes, les plus précieuses et les plus nobles, mais surtout les plus parfaites.

Ici l'on conçoit l'art dramatique d'une manière spéciale. C'est un tableau choisi, combiné avec art, où des surprises et des coups de théâtre étonnent et fixent à chaque instant l'attention ; où la vivacité du dialogue attache l'esprit par la représentation vive d'une conversation rapide, animée, élevée ou énergique; où tout a été combiné d'avance pour charmer le goût, toucher le cœur, contenter la raison.

Le Français voit trop vite et trop juste : il est impatient. Un auteur dramatique a ici besoin de mille ressources pour tenir en haleine son parterre. Un mot ridicule le révolte, une longueur le rebute, une inconvenance n'est jamais soufferte. Que d'habileté ne faut-il pas pour satisfaire aux besoins d'une nation si exigeante et si polie, si vive et si railleuse!

Aussi prend-on toujours les pièces au moment de la crise : le reste se précipite, pour ainsi dire, de scène en scène à travers les événemens, avec l'impétuosité d'une cataracte.

Un tact subit et fin, une délicatesse rare de sentiment, la connaissance innée de toutes les beautés, mais la révolte involontaire et continuelle contre la langueur et l'incohérence, voilà le Français littérateur.

Un Allemand, un Anglais, peu amis de la conversation et des amusemens sociaux, vont assister au spectacle. Ils prennent tranquillement leur plaisir en patience. Ils dévorent une heure d'ennui pour arriver à une beauté vive; ils laissent à la disposition de l'auteur le tems, le lieu, l'univers, et lui disent : « Je te donne deux heures; occupe-les; voilà tout ce que je te demande. A travers les invraisemblances et les singularités, jette des traits de passion et de nature; profite de ma soirée, fais-en ce qu'il te plaira. »

J'ai encore visité le Louvre. Que cet autre tableau de M. Guérin est admirable!

Enée raconte ses aventures à la reine Didon. Le ciel pur, transparent; l'air voluptueux, vif, azuré; les feux du soleil embrasant l'atmosphère; les eaux lointaines de l'Océan, les montagnes bleues de l'horizon, tout semble respirer l'amour. Dans une galerie qui domine Carthage, la mer, le paysage, Didon repose sur des carreaux de pourpre. Reine à la fois et amante, riche et voluptueuse dans sa parure, les yeux fixés sur Enée qui raconte ses exploits, suspendue à ses lèvres, buvant à longs traits la passion, elle semble abattue, conquise, dévorée par cette *flamme* molle et brûlante, *qui a pénétré toute la substance de son être.*

Est mollis flamma medullas.

L'amour tout entier est dans ses beaux yeux, humides de volupté, dans son sourire, à la fois mélancolique et doux. Sa sœur, jolie brune, bien aimable, offre un caractère différent : c'est miss Howe à côté de Julie.

Quant à Enée, belle peinture ; caractère de héros, froid, posé, sans abandon; homme qui a porté malheur à ses poètes, à ses peintres et à ses maîtresses.

Dans tout le tableau, élégance, vérité, volupté, richesse, transparence de couleurs. On n'y blâme qu'un abus d'esprit. On trouve dans l'ingénieuse idée de l'Amour qui, sous les traits d'Ascagne, détache du doigt de la reine l'anneau de Sichée, son premier mari, une espèce concetti en peinture, spirituel sans doute, mais affecté, mais qui tranche avec l'effet général, simple, délicat, voluptueux de cette admirable scène (*a*).

—

Notes de l'Editeur.

(*a*) Notre voyageur, dans son impartiale admiration pour tout ce qui en est digne, a déjà parlé plusieurs fois de l'école française. Il a décrit avec feu, et une sorte d'éclat qui rappelle Diderot, la Clytemnestre de M. Guérin. Sa plume a trouvé de la douceur et de la grâce, pour tracer l'esquisse du voluptueux tableau de Didon, par le même. Il a jeté un coup d'œil rapide sur les principaux talens de l'époque; mais il a dû laisser quelques lacunes; on nous permettra de les remplir.

Une école de peinture manquait à la France. *Jean Cousin*, (que l'on peut nommer le père de l'art), par son dessin d'un grand caractère, et l'esprit de sa vaste composition, le Jugement dernier; *Lebrun*, par la savante disposition de ses groupes, par la belle entente, les grands mouvemens et les masses hardies de ses ouvrages, mais surtout par quelques expressions énergiquement senties; *Mignard*, par la solidité et l'empâtement moelleux de son pinceau; *Blanchard*, par ce beau coloris qui le distingue; *Lafosse*, par quelques heureux effets; *Jouvenet*, par une facilité riche, par une vigueur et un luxe imposant de composition; *Poussin* surtout, le philosophe de la peinture et le peintre des philosophes, par la force de sa pensée, par la puissance de son invention et la vérité de son expression, par cette sensibilité, cette observation, cette grandeur qui, malgré un coloris noir et un dessin quelquefois lourd, le placent seul sur un trône isolé, entre Michel-Ange et Raphaël; *Lesueur* aussi, ce *Raphaël* mitigé, si doux, si vrai, si sage, ont mérité d'être comptés entre les peintres habiles ou les grands peintres de tous les tems, mais n'ont pu donner à la réunion de leurs talens le caractère et la consistance d'une école.

En peinture, comme en musique, la France avait réuni presque tous les caractères de tous les genres de mérite, sans se distinguer par un caractère particulier. Le malheureux règne de Boucher, de Vanloo, de Detroy, lui avait imprimé, pour tout caractère, une facilité déplorable et une afféterie ridicule. On vit la France produire de tous côtés, en fait de tableaux, des merveilles de mauvais goût.

Boucher ne donne pas même à ses pauvres amours le nombre de muscles et de nerfs nécessaires à l'organisation réelle. Ce n'est plus le soleil qui éclaire la scène; c'est un reflet violet ou rougeâtre, tel que le taffetas d'une alcove chez madame Dubarry devait le produire. Partout la nature est non-seulement oubliée, mais outragée; Detroy fait les bouches des ses nymphes si petites, qu'elles deviennent inutiles, et qu'il est matériellement impossible de les ouvrir. Beauvarlet, son graveur, écarquille leurs yeux, comme dit Molière, et leur donne trois lignes, sur un visage de six lignes. Vanloo croit faire de l'histoire, et fait des scènes de boudoir ; l'art devient une fantaisie, et partout on s'étudie à multiplier la caricature de la grâce.

Tel était l'état de l'art. Doyen paraît ; Vien lui succède. « Nous avons entr'ouvert la porte, » disait ce dernier vers la fin de sa vie ; David » l'a ouverte. » La sévérité des formes renaît ; l'afféterie est bannie ; rien ne se fait que d'après la nature et l'antique. Le nu, les statues d'Athènes et les bronzes de Rome remplissent les ateliers. *David* produit ses Sabines, son Bélisaire, son Brutus ; sur ses traces marchent M. Gros, M. Guérin, M. Gérard, M. Girodet. La France a une école.

Que l'on compare cette école à celles auxquelles la Lombardie, la Hollande, Venise, Rome ont donné leur nom, et que l'on dise si l'école française ne mérite pas d'être placée au milieu d'elles. Un caractère national lui a été imprimé; ce caractère, c'est une pureté sévère, c'est une grâce antique. Prud'hon, Hersent se rangent à la suite des maîtres que nous avons cités. Tous les deux ans de nouveaux chefs-d'œuvre paraissent, et tant de fécondité, jointe à tant de succès, donne un exemple inconnu dans les fastes de la peinture.

C'est ici que notre Américain a trouvé l'école française; c'est à cette époque qu'il a pu en admirer l'éclat, la richesse et la perfection. Puisse un demi-quart de siècle s'écouler sans voir s'éteindre tant de gloire! Puisse cet éclat ne pas être passager!

(*b*) Southey, poète lauréat et homme de talent. Ses vers sont une féerie perpétuelle. Il a de l'éclat dans l'imagination, et des systèmes assez bizarres en poésie. Il est naïf comme les vieilles ballades, et brillant de coloris comme Paul Véronèse.

LETTRE XVI.

Paris, 15 juillet 1817.

Madame Regnault de Saint-Jean d'Angely avait chargé un jeune homme de porter à son mari certains papiers. On les trouva sur lui ; il fut mis en prison, et hier cette malheureuse femme, escortée d'une patrouille de gendarmes, a été menée à la police. La machine politique frappe les uns et sert les autres. Les victimes se plaignent ; mais devenus maîtres du terrible instrument, ceux qui en ont le plus souffert se gardent bien de le briser.

Le pape et S. M. le roi de France ne s'entendent pas parfaitement bien. S. S. ne veut pas appeler usurpateur, l'empereur Napoléon, qu'elle-même a sacré ; il s'oppose en même tems à la vente des biens du clergé. Tout cela retarde et entrave la marche de la politique ; les négociations n'avancent pas ; le clergé murmure, et la brouille est partout.

Plusieurs personnages remarquables occupent aujourd'hui la scène... Le duc de Feltre, le comte Decaze, le baron Pasquier attirent surtout les regards. Le premier joint à l'habileté pour les affaires la valeur militaire. Le second a de l'esprit, des vues vastes et fines, de l'adresse, de l'expérience, de la faconde, des amis, et semble l'emporter sur les autres. Le dernier, ministre de la justice, avec du talent et du caractère, offre des traits plus compliqués, et un portrait plus difficile à tracer.

Le duc de Richelieu, ministre des affaires étrangères, qui avait gouverné la Crimée, a eu le tort de venir gouverner ici. M. Dubouchage, homme de talent, modéré, aimable, instruit, est ministre de la marine. On dit qu'il s'en acquitte fort bien.

Rien de plus joli que Bagatelle. La nature y est abandonnée à sa marche et à ses caprices.

De jolis sentiers circulent à travers un bois charmant. Un ruisseau limpide le rafraîchit ; des ponts rustiques sont jetés sur son onde pure ; de petits arbrisseaux, des fleurs se montrent au milieu des bocages. Si l'on y cherche en vain une régularité élégante, de vastes points de vues, des effets sublimes et nouveaux, du moins y rencontre-t-on à chaque pas des bosquets et des haies, l'aubépine et l'églantier, des routes odorantes et un gazon fin.

Je vous ai parlé du Dr. Bell d'Edimbourg. Il a fait ici des dettes, et il a été obligé de quitter la ville. Homme original, plein d'esprit, de singularités, de méchanceté, de vanité et de talent.

LETTRE XVII.

—

DE JULIE.

Paris, 18 juillet 1817.

Répondez-moi, mon ami! Que dois-je penser de Rousseau? Je le lis avec délices; je le plains; je suis tentée de le haïr; je le blâme souvent; mon esprit, incapable de s'arrêter sur son compte à une idée fixe, se demande s'il fut un homme vicieux qui parle de vertu pour exercer ses facultés; un monstre qui recommanda la philantropie et mit ses enfans à l'hôpital; un tartufe de sensibilité, qui paya tous ses bienfaiteurs d'ingratitude; un cœur dur et méchant, qui ne put jamais conserver un seul ami.

Voilà quelques-uns des problèmes que m'offre ce singulier caractère. Pourquoi sa conduite fut-elle toujours en contradiction avec ses principes ?

Pourquoi, en parlant un si beau langage, commit-il des actions basses, celui du vol du ruban, etc. ?

Comment expliquer la manière barbare, criminelle, dont il traita ses enfans?

Mon ami, ces questions m'embarrassent, et je ne serai point en repos avant que vous ne m'ayez répondu.

J'ai lu avec bien du plaisir le roman de *Delphine*, par madame de Staël. Je partage votre admiration, quant à l'éloquence et la véhémence du style. Cette variété de talent, cette singularité de génie, qui va toujours mêlant la pensée au sentiment, et qui double ainsi les jouissances que procurent les bons ouvrages, ne m'ont pas trouvée insensible. Il y a dans l'ouvrage un caractère tracé avec une supériorité de talent bien rare, madame de Vernon. Quelle force, quelle vérité, quelle finesse! Comme elle est bien, cette femme, qui fait de la vie un art diplomatique, dont toutes les actions se réduisent en un calcul bien arrangé, qui, pour tout, a un but, et qui a poussé, jusqu'à la perfection, le machiavélisme de la vie sociale!

L'ouvrage n'est, comme ceux de Rousseau, qu'un long cri de guerre contre les maux de la société. Remarquez, mon ami, que dans l'état de l'Europe en décadence, c'est là l'idée qui prévaut aujourd'hui, et que c'est, pour ainsi dire, l'ame de tous les ouvrages destinés à faire effet sur le public. Cette machine, en apparence si régulière, si forte, si brillante, recèle tant d'horreurs cachées; voilà si long-tems qu'elle fatigue de ses ressorts corrompus la masse des hommes civilisés, que toutes les imaginations énergiques, toutes les ames vives, saisies de douleur à l'aspect de cette misère générale et incurable, poussent un long, un triste gémissement. Ainsi Godwin, en Angleterre; Rousseau, madame de Staël, en France; même beaucoup d'autres, Byron, Bernardin de Saint-Pierre, toute l'école des poètes anglais, professent cette aversion pour les malheurs nés de l'état social, malheurs qu'ils ne peuvent réparer, mais qu'ils lamentent, et contre lesquels est dirigée aussi cette grande révolte des cœurs et des esprits, aujourd'hui universellement sentie en Europe.

LETTRE XVIII.

Paris, 30 juillet 1817.

ENCORE une description de tableaux; j'espère que vous ne me blâmez pas. Rien n'est plus riche que cette exposition.

Vous connaissez M. le comte de Forbin, homme de talent en plusieurs genres. C'est un des meilleurs peintres actuels. Sa scène de l'Inquisition est admirable. Dans une cave se trouve une salle ronde, haute, retrécie, soutenue par un pillier rond, et éclairée par une seule ouverture au plancher: ce jour terrible tombe au milieu des ténèbres, et fait voir une jeune religieuse attachée à la colonne, au dessous de la croix fatale, et à laquelle un inquisiteur lit la sentence de mort. Déjà elle a subi un long supplice ; car à ses pieds s'ouvre un autre souterrain ; une échelle y conduit ; elle a déjà été ensevelie vivante. Cette lumière, cette obscurité, cet effet à la Rembrandt, cet impassible bourreau, cette victime du fanatisme, cette sombre et étroite concavité dont l'œil parcourt avec effroi le cercle tout entier ; rien n'est plus touchant, plus simple, plus terrible.

On lit sur une bannière suspendue au plancher, ce mot : *auto-da-fé*. Un familier prépare le san-benito ; une tête de mort, un sablier, sont à côté. Tout glace, tout rappelle la mort, l'anéantissement ; et par un contraste que le pinceau philosophique de M. de Forbin a su créer, une mousse vigoureuse, une végétation qui se fait jour à travers les fentes des pierres, semble dire que la nature ne prend point de part aux crimes des hommes, et que sa force de vie est toujours présente, au milieu de l'horreur et de la mort.

Voici un tableau plus modeste, qui n'a point laissé que de me faire plaisir. C'est un cerf aux abois, que des chiens entourent de tous côtés. Il est parfaitement rendu ; il vit, il respire, il tremble, il pleure.

De ses yeux innocens de grosses larmes coulent:
Dans le ruisseau voisin ces pleurs tombent et roulent.
Pauvre insensé! croit-il, en déplorant son sort,
Attendrir ses bourreaux, ou repousser la mort?
Il va périr (1).

M. Vigneron a peint les apprêts d'un mariage. Comme ses petites filles sont coquettes; comme cette coquetterie est de bonne foi ; comme leur mère jouit pour elles ; comme ces jeunes amies sont empressées!

---

(1) SHAKSPEARE, *As you like it.*

LETTRE XIX.

Paris, 2 août 1818.

Oui, mon ami, l'école de peinture, en France, est dans l'état le plus florissant: tous les genres s'y réunissent; toutes les écoles s'y confondent.

Pour les effets de la lumière, Bouton, le comte Forbin ; pour la vérité des scènes domestiques, Drolling, Roehn ; pour le pittoresque et la grâce des petits sujets, madame Lescot ; pour une sorte de grandeur philosophique et historique, M. Hersent ; une foule de talens de tous les genres et de toutes les classes ; M. Horace Vernet pour la vérité, la variété, la vie des tableaux militaires ; M. le général Lejeune pour le fracas, l'effet, la nature ; Prudhon, pour la grâce et le corrégianisme : encore ne compté-je pas les premiers maîtres : David, chef de la nouvelle école, exilé par la politique ; M. Guérin, expressif comme Virgile ; M. Gérard, séduisant et habile ; Gros, énergique et vrai ; Girodet, coloriste et grandiose.

Ces arts agrandissent la limite de la nature. Ils font vivre d'une double vie. Ils élargissent les bases de l'existence morale.

Certes, les vices sont ici plus nombreux, la liberté est moins grande, les ames sont moins fortes que dans l'heureux pays où je suis né : c'est dans les villes de l'Amérique qu'il faut chercher la simplicité des mœurs, l'amour de la patrie, l'égalité véritable et le véritable patriotisme.

Mais j'ai beau ramener devant mes yeux ces idées morales, l'atmosphère voluptueuse où je vis, l'emporte toujours sur mes réflexions. Les sensations, ici, deviennent bien plus fortes, bien plus rapides et bien plus fréquentes ; partout le plaisir vient enivrer l'homme. L'esprit le plus gai ou les discussions d'un talent, sinon supérieur, du moins presque toujours remarquable, assistent à son lever ; et il trouve, chaque matin, dans un journal, le résumé des conversations de la veille. De quelque côté qu'il porte ses pas, les arts l'environnent, l'obsèdent de leurs jouissances. Une boutique d'estampes reproduit pour lui tous les grands maîtres. Les scènes communes de la vie, les idées que la société inspire aux peintres, se développent sous ses yeux ; la musique et ses délices, la scène ou la représentation des mœurs humaines, la peinture, l'environnent de leurs charmes.

Hélas! dans cette atmosphère de plaisirs, on sent quelquefois un vide terrible. On manque de ces mœurs fortes, de ces volontés arrêtées, de ces principes sûrs, de cette nationalité vigoureuse, de cette sève, enfin, qui fait les grands peuples. Tous les moyens des vertus, des mœurs, des institutions sont là ; tous les plaisirs, tous les fruits de la civilisation sont prodigués ; mais, lassés de sensations, mais, fatigués de jouissances, les hommes s'énervent, les cœurs languissent, la patrie meurt ; et un grand pays s'éteint.

LETTRE XX.

Paris, 7 août 1817.

Le souvenir de Joséphine vit encore ici. C'était une femme pleine d'amabilité, de bonté, d'esprit et de charmes; un peu coquette, très-humaine, instruite en plusieurs branches de sciences, et surtout en histoire naturelle.

J'ai vu Malmaison : rien de plus solitaire. Cet Eden véritable, confident des peines secrètes d'une femme qui, ballottée de la fortune, a emporté dans le tombeau les regrets des ames sensibles ; ce lieu, où elle a porté ses pas, ses regrets, ses secrets, les désirs de son ambition, les jouissances de son orgueil, les craintes de sa prévoyance, les douleurs de son abandon, m'ont profondément ému.

J'ai vu le lit où elle reposa : rien de plus magnifique. Le bon suisse qui nous conduisait, pleurait en le voyant : « Ici, disait ce brave homme, l'impératrice déjeûnait ; elle sortait par ici pour aller cueillir des fleurs et les arroser elle-même. » Bon Suisse! ta maîtresse eût mieux aimé cette larme que tous les honneurs du catafalque.

LETTRE XXI.

—

Paris, 18 août 1817.

MADAME de Staël n'est plus. Cette femme, qui a si puissamment poussé le siècle vers de nouvelles idées, repose à jamais. Ce mouvement de la pensée, qui agitera d'autres pensées dans trois mille ans, il repose; cette intelligence, dont la mobile agitation était l'essence, ne s'éveillera plus. Madame de Staël s'est éteinte comme Xénophon, Rousseau, Lavater, sur le banc de son jardin, et à la face du ciel, où l'inspiration de son génie avait toujours espéré un asile.

Réflexion de philosophe, ame de

femme, audace de réformateur, vivacité de sentiment, sagacité d'observation, impétuosité d'entraînement, finesse de vues, variété d'éloquence, pittoresque d'expression : ces facultés, si merveilleusement combinées, se sont éteintes en elle, et ne renaîtront chez personne.

On a plus de goût que madame de Staël ; on a plus d'ordre qu'elle; on peut être plus savant ; on peut écrire mieux, c'est-à-dire astreindre la pensée à une démarche plus régulière ; on peut arrêter, enchaîner, modérer plus habilement, et gouverner plus fortement sa réflexion. On peut se livrer, avec moins d'imprudence, à la variété des sensations : on peut être moins journalière, moins incertaine, et se livrer moins étourdiment à l'impression momentanée, passagère, renouvelée sans cesse, contrariée quelquefois : mille génies inférieurs l'ont prouvé.

Son talent sembla presque toujours fébrile. Un élan impossible à arrêter, difficile à peindre, la faisait se précipiter au milieu des opinions et des idées. A la fois à la dictée du moment, par son sexe, et profondément méditative par sa nature, elle s'élança toujours de la circonstance actuelle qui agitait les esprits, comme d'un point fixe, et, de là, déployant les ailes de sa pensée, la fit voler avec une sorte de violence irrésistible vers de nouvelles régions. Tour à tour la mort de Jean-Jacques, le procès de la reine, les conquêtes d'Italie, celles d'Allemagne, en développant ses facultés de sentir, de méditer et de souffrir, donnèrent à l'Europe comme des productions instantanées, ces écrits si riches de sentimens, de pensées et de tableaux. Talent naturel au plus haut degré, elle attendait le moment, elle se nourrissait des orageuses discussions de l'époque, elle demandait les secrets du talent à tout ce qui venait l'émouvoir dans la vie; et, comme la fleur alpine, elle avait besoin d'être agitée par les orages, tourmentée par les douleurs, froissée par les passions, pour exhaler ses parfums.

Sans travail, sans peine, on voit que sa pensée la plus profonde s'échappe de son sein, comme l'encens de la fleur, ou le son d'une lyre. Esprit, finesse, génie, mauvais goût, tout jaillit sans choix, sans recherche, du sanctuaire de sa pensée. Elle ne se donne souvent le tems ni de préparer, ni d'adoucir la nouveauté de ses rapprochemens; elle étonne, effraie : elle prodigue le nouveau, le sublime, l'étrange. On dirait de la recherche, tant elle verse de trésors à la fois; on dirait de l'affectation, tant elle est naturelle à les déployer. Elle possède toutes les cordes que la littérature la plus avancée fait vibrer sous les doigts des talens; elle touche la passion; elle parle continuellement à la pensée; elle fait frémir le cœur; elle ébranle l'imagination;

elle joue avec les mots, et sait commander au langage; elle s'amuse avec les sons, qu'elle combine comme des couleurs; enfin, dans ses momens de distraction puérile, descendant jusqu'à l'humble calembourg, elle fait ses hochets des paroles qu'elle assemble et qu'elle brise, mais auxquelles elle prête alors du sens, du sel et de la profondeur.

Une telle versatilité de génie ressemble au vif-argent mobile, qui est partout, qui n'est nulle part, qui roule, qui brille et qui fuit sous les doigts trompés de l'enfant qui cherche à le saisir. Pour en triompher, il faut le décomposer, il faut descendre à l'analyse de ses premiers élémens.

Sensations ardentes, mobiles et féminines; faculté forte, et presque merveilleuse, de calculer, d'observer ses sensations, telle est la double vie du talent de madame de Staël.

Se voir penser est difficile; se regargarder sentir est presque impossible. C'est là le miracle de l'observation ; il faut réunir la sagacité du spectateur et l'enchantement de la passion ; l'ébranlement d'une émotion vive et la netteté du jugement. Il faut concilier les contraires.

Ce problème fut résolu par madame de Staël. On a vu s'accomplir l'alliance d'une pensée passionnée et d'une passion méditative ; d'un être sensible, réfléchissant ses propres sensations et se regardant brûler, souffrir et mourir. On a vu s'accomplir l'incroyable ; la passion devenir impassible et la réflexion irréfléchie. Ainsi, d'une métaphysique subtile et d'une impression véhémente, madame de Staël a fait ce mélange qui nous frappe d'admiration dans *Corinne* et dans *l'Allemagne*. Dans *Corinne*, la passion domine la pensée ; dans *Delphine*, la pensée domine la passion ; dans *l'Allemagne*, elles se balancent : voilà peut-être pourquoi, de ces trois ouvrages, le premier est le plus attrayant, le second le plus pénible, le troisième le plus utile.

Le talent de madame de Staël ne l'appelait pas à peindre les objets extérieurs; il reposait dans l'intimité de l'être humain. Remarquez que ses tableaux même de l'Italie brillent par les associations morales qu'elle évoque, bien plus que par les traits pittoresques qu'elle dessine. C'est toujours au cœur, dans ses plaisirs et ses peines intimes; c'est toujours à l'intelligence, dans ses essors les plus hauts et dans ses retraites les plus profondes, qu'elle va s'adresser. Le souvenir, l'espérance, le désir, le regret, la volupté des arts, celle de la mélancolie, le vague des émotions, le pressentiment, le beau moral, telles sont ses muses. On ne pourrait leur assigner de formes palpables, vivantes; ce sont des fantômes, des ombres légères, des vapeurs idéales, des nuages de passion et de pensée, qui l'entourent d'une atmosphère ardente, orageuse et forte, d'où s'échappent de longs éclairs.

Le monument de la vivacité et de la flexibilité de cet esprit supérieur, c'est *l'Allemagne*. Qu'on ne croie pas qu'elle s'aveuglait sur le mauvais goût, sur les erreurs et sur les fautes. C'était par la résolution d'une intelligence étonnamment mobile, qu'elle s'était faite allemande un instant. Elle croyait, et nous croyons avec elle, que c'est donner preuve de forces qu'élargir le cercle de ses plaisirs, et étendre la portée de ses facultés. En effet, l'esprit qui se fait le concitoyen de toutes les littératures, et qui sait jouir de toutes leurs beautés sans professer pour leurs fautes une ardeur niaise, imite l'omniprésence de Dieu, et prouve sa puissance sur l'univers.

Tous les grands esprits ont reconnu la souplesse et la force de cet ouvrage : ils ont dès lors admis plus de liberté dans la vieille littérature. Tous les bons esprits ont en même tems condamné l'exagération de ces doctrines exotiques, si dangereuses entre des mains inhabiles. Tous les petits esprits se sont empressés d'imiter madame de Staël à leur manière, ou de la ridiculiser dans leurs bons mots ; les uns parce qu'ils espéraient obtenir de l'effet par la nouveauté ; les autres parce qu'il est du très-bon ton de rire de ce que l'on ne peut comprendre.

Delphine est moins une composition littéraire qu'un appel à la pensée contre l'existence sociale des femmes. C'est l'accusation portée par une femme de génie contre la société, qui condamne son sexe à la frivolité, la légèreté et la faiblesse.

On a beau couvrir de fleurs la chaîne sous laquelle il vit, elle n'en existe pas moins ; et les peuples qui l'embellissent le plus, sont ceux qui se montrent dans le fait les plus jaloux de la conserver. Malgré son influence, madame de Staël, reine en quelque sorte de la littérature européenne, se sentait embarrassée de son sceptre; elle se retrouvait femme; et, honteuse, irritée du pouvoir qu'avaient usurpé sur elle tant d'hommes, ses inférieurs naturels, elle avait jeté une plainte, et fait retentir, à la barre des nations littéraires, sa réclamation contre l'esclavage idéal et pourtant réel, dont l'opinion accable cette moitié du genre humain.

On admira la beauté de quelques pages, on se plaignit de la fatigue de beaucoup d'autres; et à peine vit-on le touchant spectacle de cette femme de génie se débattant sous le poids de son génie qui l'écrasait, et se servant de son talent pour exprimer la révolte de ce talent même contre une société où il faisait sa gloire, mais aussi son supplice.

Quant à *Corinne*, la publique estime a consacré cet ouvrage. Le même sentiment qui inspira *Delphine* s'y retrouve aussi ; mais Corinne est Delphine triomphante : au lieu de la lutte, c'est le triomphe du talent sur les habitudes sociales. Corinne réalise ce que Delphine désire en vain. Corinne brille et règne par les facultés qui font souffrir et méconnaître Delphine. Si son bonheur et son éclat s'éteignent ensuite, ce n'est pas dans les combats partiels, soutenus contre les opinions admises, c'est dans une passion mal inspirée, dans un océan de mélancolie et de volupté. Dans *Corinne*, au moins, le génie meurt de sa propre main; il trouve, dans ce qui fait sa supériorité, le poison qui le tue ; il meurt frappé de la foudre qu'il porte.

La morale et la littérature eussent pu demander à madame de Staël plus de règle, plus de science, moins de confiance aux vertus d'impulsion et aux inspirations charmantes de son génie ; mais

il faudrait une grande supériorité, une grande vertu ou un grand courage pour oser lui dire : « Eteignez cette flamme,
» comprimez cet élan, réglez ces érup-
» tions du volcan de votre pensée, et
» cette fiévreuse religion de votre cœur
» pour l'enthousiasme et les vertus. »

En résultat, elle a jeté dans la littérature une grande masse de lumières; elle a indiqué des sentiers nouveaux; elle a la première, après Voltaire, fait converser entre elles et enrichi les unes par les autres les diverses langues d'Europe; elle a réveillé un enthousiasme au milieu des cendres éteintes qui couvrent aujourd'hui les opinions et les idées. Elle a pleuré le génie de l'Italie expirée, comme Rachel pleure ses enfans. Elle a prêté le soutien de son talent à la littérature allemande, pour ainsi dire exilée du congrès des autres littératures.

Utile par l'avancement qu'elle a donné aux idées générales, digne de reconnaissance par les jouissances qu'elle a prodiguées à son siècle ; comme écrivain, elle se range parmi les hommes de génie ; elle est, comme femme, un prodige qui ne reparaîtra plus.

On copiera aisément les défauts de madame de Staël ; on les imitera sans peine et sans génie ; et sous ce rapport on surpassera l'original. On accumulera des idées vagues dans des périodes sonores, et l'on prendra l'obscurité de la phrase pour la profondeur de l'idée. Comme elle on traversera le ridicule, mais non pour arriver comme elle à une pensée neuve et forte ; on restera dans le ridicule, on s'y établira, et l'on dira : *Je suis sublime.*

A la suite de cette femme immortelle, on verra naître une foule d'écrivains métaphysiques et obscurs, enthousiastes à froid, exaltés à force de labeur, prenant l'ambiguité du mot pour la finesse de la pensée, jetant au hasard une métaphore à moitié esquissée, y joignant une autre image à moitié colorée, et forçant l'intelligence de s'égarer et de se perdre dans ce labyrinthe confus de nuances incertaines, de pensées avortées et de mots effrayés de se rencontrer. Voilà ce que l'on imitera de madame de Staël. C'est le sort des triomphateurs d'être environnés, suivis, singés par une foule imitatrice qui les salit, et celui des écrivains très-originaux, de traîner après eux une tourbe qui les déshonore quelque tems.

LETTRE XXII.

—

Paris, 24 août 1817.

Le souvenir récent de madame de Staël m'a conduit à Montmorency. Croiriez-vous, mon amie, que cette liaison intime et légère d'idées ait pu réellement exister? Oui, je regarde madame de Staël comme un Rousseau exagéré, changé en femme, moins grand, moins fort, moins positif, moins influent, quoique plus varié et peut-être plus spirituel.

Grétry et Rousseau offrent des souvenirs bien élevés et bien touchans. On a beau crier contre l'affectation des souvenirs; certes, l'affectation est toujours repoussante. C'est un son faux, qui veut avoir l'art de sortir du cœur. Mais on peut pardonner à l'imagination ce prestige qui lui est si facile et si commun, cette création nouvelle au moyen de laquelle elle fait revivre dans les lieux habités par les grands hommes, et ces grands hommes et les circonstances de leur vie.

Que l'on rie ou que l'on raisonne, que l'on prodigue les saillies de gaîté et la froideur du sarcasme, on n'empêchera pas que je ne voie avec respect la table où Jean-Jacques s'est assis pour écrire ; que je ne m'asseie avec un plaisir secret au pied de l'orme de Grétry ; que je n'aime à retrouver les caractères tracés par la même main qui fit Héloïse, et écrivit le Contrat Social.

Je ne reprocherai qu'une chose aux Français. Ce peuple charmant juge vite, aime vite, oublie vite. Ses impressions sont si rapides, qu'elles s'effacent les unes les autres. Un grand homme disparaît, et le sentiment de sa perte remplit Paris deux jours, pour ne survivre pas au troisième.

Ici l'on s'échauffe et se refroidit en un moment sur la beauté, sur le talent, sur le mérite. Un homme qui fatigue l'admiration n'entend pas ses intérêts. Tant qu'elle est enthousiasme, elle dure : dès qu'elle devient habitude, elle périt. Rien n'ennuie les Français comme l'accoutumé : ils se lassent promptement : ils ont plus d'esprit et de sensibilité que les autres peuples ; mais ils font tout si vite, qu'on prendrait pour exaltation la vivacité de leur admiration première ; pour ingratitude, la vivacité de leur oubli.

LETTRE XXIII.

Paris, 26 août 1817.

Le journal nommé le *Constitutionnel* vient d'être suspendu pour avoir, dans un très petit article, parlé de cette fleur que les Allemands nomment *weizgiss mein nicht*, ne m'oublie pas. On a cru trouver une allusion dans cette idée ; et comparant un petit tableau d'Isabey, représentant un jeune enfant endormi sur cette fleur et sur un gros bouquet de roses, à la phrase du journaliste, on a interprété le tout suivant le caprice du pouvoir.

Sans liberté de la presse, il ne peut y avoir de grande nation. C'est le plus vigoureux instrument de la machine politique. C'est le levier, c'est le conducteur, c'est la boussole en même tems. Les uns le prennent pour un bienfait immense; pour les autres, c'est une malédiction : en effet, c'est un bienfait pour la civilisation, c'est une malédiction pour ses ennemis.

Avec la presse anglaise est né l'esprit public anglais. Plus la liberté de la presse périodique a grandi en Angleterre, plus la liberté a grandi. Un tyran féminin, Elisabeth, a fait cette découverte. Elle voulait ajouter à l'énergie de son peuple : elle voulait le rendre puissant ; elle lui donna ce talisman de grandeur et de liberté.

L'instinct de cette femme avait quelque chose de prophétique. Les premières gazettes furent imprimées par son ordre ; une commotion électrique fut donnée, et le monde politique changea.

Elle avait raison, même dans l'intérêt du pouvoir. Il est aisé de prouver que rien, ni personne ne gagne à l'esclavage de la pensée. Ote-t-on le moyen de discuter les matières politiques? Cherche-t-on partout des allusions, des sous-entendus, des allégories? La voix s'éteint; mais les conspirations naissent. On ne discute pas, on conjure. Dans le silence de la presse se cachent les complots véritables. L'orateur irlandais Curran (1) l'a dit avec éloquence, et a parfaitement développé ma pensée.

« La liberté de la presse est un exutoire nécessaire. Sans liberté de la » presse, les humeurs s'amassent et s'en» flamment dans le corps politique; la » crise se prépare de loin; et quand le » mal se déclare, il est trop tard; le re» mède est impossible. »

« En ôtant au peuple la liberté de la » presse, on engage les mécontens à » porter en silence, dans les fondemens

(1) Voyez la *Note de l'Editeur* (*a*), pag. 172.

» même de l'ordre social, les matières » inflammables qui doivent le boulever- » ser. Chaque jour ce trésor d'incendie » futur s'accumule dans le mystère. Le » moment arrive, l'explosion se fait ; » l'oppresseur et l'opprimé, frappés du » même coup, se débattent en vain sous » les mêmes ruines.

» On veillera, dit-on ; l'on arrêtera » les progrès du mal. C'est-à-dire qu'en- » tre les machinations de l'esclave et les » terreurs du maître, l'état n'aura point » de repos. Nul sommeil pour ceux qui » gouvernent et pour ceux qui sont gou- » vernés. Les lois, les satellites, les res- » trictions, hâtent le moment fatal. Le « traître n'est connu qu'au moment où » la trahison éclate. Le pouvoir tremble » sans cesse, ne voit son ennemi qu'au » moment où cet ennemi est dangereux, » combat dans l'ombre avec désavan- » tage, et finit toujours par succomber.

» Ah! messieurs, souvenez-vous de

8

» ces malheureux pays, où la liberté de » la presse est étouffée avec toutes les » autres libertés de l'homme. Là, les » princes ont des officiers particuliers, » dont la seule fonction est de garder, » dans des bouteilles cachetées, l'eau que » doivent boire leurs maîtres; tant il est » à craindre qu'une goutte de poison, » jetée dans le breuvage par un esclave » impatient, ne mette un terme, non » au despotisme, mais à la vie du des- » pote!

» Mais, pour connaître les effets de » l'esclavage de la presse, revenez à » votre pays; jetez les yeux sur votre » histoire, messieurs; consultez les tems » de votre révolution! Quel exemple, » quelle leçon! Alors la liberté de la » presse était foulée aux pieds; alors » la conspiration de quelques puissans » contre un grand peuple était l'af- » faire de chaque jour; alors des shé- » rifs vendus nommaient et envoyaient

» à Londres des cargaisons de jurés » qui portaient leur jugement dans leur » poche : alors reparurent à la surface » de la société tous ces délateurs, tous » ces accusateurs, tous ces instrumens » de la puissance, tous ces hommes vils, » tous ces outils de torture publique, » qui, dans les bonnes administrations, » restent au fond de l'ordre social, » mais que l'on est sûr, dans les trou- » bles, de revoir nager à la surface, » comme des cadavres de pourriture, » aborder à toutes les places, parvenir à » tous les objets d'ambition, et, dans » leur course, porter en tous lieux l'hor- » reur, la contagion et l'effroi !

» Alors la presse n'existait plus. Le » peuple était esclave ; le prince était » perdu. O vous à qui le salut du pays » est cher, écoutez la voix d'un avocat » de ses libertés. Ce droit éternel d'ex- » primer sa pensée, c'est le gardien de » l'état, c'est la sentinelle avancée du

» peuple. Conservez-le comme le plus » précieux des trésors, ou vous verrez la » liberté du peuple, la sécurité de la » couronne, le crédit national s'englou- » tir avec lui dans un même tombeau. »

—

Note de l'Editeur.

(*a*) Curran est l'un des orateurs les plus remarquables de cette école irlandaise, qui fait schisme aujourd'hui, en fait d'éloquence, dans le parlement britannique. C'est une école hardie, métaphorique, brillante, orientale, et qui tient à la fois de la rhétorique française et de la philosophie germanique. Shéridan y a porté beaucoup d'esprit, de malice et de trait; Curran, de la grandeur et de belles images; Grattan, une dialectique serrée; Burrowe, des effets pathétiques; et Burke, un grand génie, à la fois métaphysique et ardent.

LETTRE XXIV.

Paris, 9 septembre 1817.

L'HORIZON politique est chargé de nuages. L'esprit de parti répand ses vapeurs orageuses sur l'atmosphère. On ne regarde ni le ministère comme assez franc, ni le public comme assez ami du ministère.

M. de La Fayette sera nommé, dit-on. C'est un beau caractère; c'est un homme qui possède des secrets redoutables; c'est un Français véritablement ami de son pays. Ce chevalier de la liberté n'a vécu que par elle. Il en a été le martyr.

On dit que les Etats-Unis refusent leur

secours aux Américains espagnols. C'est une nouvelle qui m'attriste. Eh quoi! l'égoïsme présidera-t-il à toutes les démarches de la politique? La liberté sera-t-elle refusée par les hommes libres; et la jeune Amérique se montrera-t-elle vieille et avare, égoïste et lâche?

Le commerce est détruit. Il languit sur la face de l'Europe entière. La Germanie, la Suède, la France, n'ont point de commerce. En vain la nature est prodigue, la récolte abondante, le blé superbe : les mauvaises institutions viennent contrarier la générosité de la nature, et grâce aux gouvernemens et aux polices, les peuples finiront par mourir de faim sur des monceaux d'épis.

Saint-Cloud, que j'ai visité l'autre jour, est un des plus jolis endroits qui se trouvent auprès de Paris. Le Parc est solitaire et superbe. Là, Bonaparte saisit le pouvoir; là, il se retirait, quand, lassée de la cour et ennuyée du fracas des

Tuileries, son ame avait besoin de solitude.

Du sommet de la lanterne de Diogène, je me suis plu à contempler Paris :

> L'azur de la pâle Automne
> Jetait sur le tableau son prestige enchanteur.

Ce bruit perpétuel qui s'échappe des villes, ce grand murmure, cette voix bruyante et confuse, m'ont long-tems fait rêver. Que de douleurs dans cette agitation, et que de malheureux dans cette foule !

LETTRE XXV.

Paris, 11 septembre 1817.

J'AI rencontré une jeune illuminée qui a voulu, de la meilleure foi du monde, me convertir aux doctrines de Swedenborg. Elle passe sa vie à croire, à espérer, à se confier. L'exaltation de l'ame est bien plus commune chez les femmes que chez les hommes.

C'est un bonheur, et presque un besoin pour elles. Elles demandent à la vie bien plus d'émotion que de raison. A quoi leur sert cette raison? A gronder le plaisir d'hier, à prévenir celui de demain.

Chez elles la vanité, la crainte, l'espérance sont plus vives que chez nous.

Elles portent l'amour et son agitation dans toutes leurs actions les plus communes. Elles ont un prisme à travers lequel elles voient, tant bien que mal, tous les objets ; l'amour. Elles le cherchent dans la religion, dans la littérature, dans les arts, elles lui doivent leur génie, leur tact, leur sensibilité. Quand elles s'avisent d'être raisonnables, elles donnent à la raison même quelque chose d'ardent et d'affectueux qui rappelle cette passion ; quand elles attachent leur cœur par d'autres liens, ce qu'elles donnent à l'amitié même lui est encore emprunté.

Ainsi avides d'émotions, peut-on s'étonner de leur penchant au fanatisme. C'est à elles que s'adressait l'apôtre ; c'est à elles encore que les missionnaires parlent aujourd'hui.

LETTRE XXVI.

Paris, 25 septembre 1817.

Ce qui fait aujourd'hui l'honneur de la société française, ce sont les femmes; les hommes se sont usés pendant la révolution; leurs croyances sont tombées; leurs principes n'existent plus; la conscience publique est morte. L'égoïsme et l'amour des places sont des traits généraux de la décadence des royaumes, que compense à peine le caractère heureux et la vive sensibilité de ce peuple.

Les femmes ont conservé le feu sacré de l'ame. Dans tous les partis elles ont gardé le désintéressement; leur mobilité les sauve de cette apathie morale où les révolutions plongent les hommes; elles ont encore des croyances, des religions, des amours et des élans.

L'homme est le soutien de la société, la femme en est la parure. Ce vaste temple que les lois ont bâti, et que tant d'horreurs profanent, la société, ne repose plus que sur des colonnes chancelantes et faibles ; mais la grâce, la délicatesse, les ornemens qui les couronnent et que l'on peut comparer à la corbeille corinthienne qui ornait les anciens pilastres, subsistent encore et arrêtent l'œil charmé.

Ce c'est pas que les Françaises aient beaucoup de science. Elles ne sont pas grandes *liseuses*, et leurs facultés de méditation ne s'étendent pas plus loin qu'il n'est permis à l'amabilité de leur sexe. Mais saisir mille nuances; mais critiquer finement ; mais tout deviner, tout expliquer ; mais modérer, diriger et soutenir la plus haute conversation ; mais savoir écouter, savoir effleurer ; mais entrer dans l'esprit de toutes les discussions, se mêler à tout sans peine, se montrer capable de tout comprendre, et de tout soumettre à un tact délicat : voilà ce que possèdent, à des degrés différens et quelquefois très-élevés, les femmes françaises.

Plusieurs d'entre elles ont raffiné le sentiment, et aminci toutes les idées de passion et d'amour à un point qui leur ôte et la force et la consistance. J'en connais une qui, sans ridicules extérieurs, et avec un esprit très-fin, est parvenue à ôter à tous les sentimens du cœur leur réalité ; elle en a fait des choses si subtiles, que personne ne peut les saisir ; elle ne voit que les nuances et ne connaît que les détails. Si elle ne porte pas Marivaux dans la conversation, sa conduite le met en pratique. Madame *Surville* a si habilement analysé les passions, que, dans son creuset chimique, toutes les passions se sont évanouies. Une nuance de sensibilité, un léger accent de froideur, une minute d'oubli, un trait imperceptible d'humanité, un scrupule de délicatesse, sont les minces élémens dont se compose sa vie.

C'est l'excès d'une délicatesse de coup d'œil et de jugement, qui, en elle-même, est précieuse. Je connais d'autres femmes chez qui domine l'excès contraire. Il n'y a pour elles ni différences, ni distinctions, ni ménagemens. Elles oublient toutes nuances, et dédaignent tout ce qui n'est pas excès, délire, entraînement. Vous les voyez maudire le parti contraire, pleurer sur une page inintelligible, où elles croient entrevoir l'apocalypse de la légitimité, donnner des rubans, et l'œil en feu, oubliant leur sexe, oubliant presque leur pudeur, tout promettre à qui servira leur fureur politique. Telle est madame *d'Etiendale;* un volume de de Pradt la jette dans une syncope; une ligne de Châteaubriand la porte aux nues. Je la plains; mais de tous les fanatismes, celui qui me choque le plus, c'est, chez une femme, ce haineux fanatisme des partis.

Madame ***, avec qui je me trouve souvent dans le monde, ne ressemble point à ce portrait. C'est la Française par excellence; mais une raison fine et solide, servant de base à la légère flexibilité de son esprit, la garantit de tous les excès. Quoique les grands traits et les fortes pensées lui échappent de tems en tems, elle est, en général, le juge le plus fin des ouvrages de goût. Son esprit se compose dans une proportion heureuse de justesse, de malice, d'expérience; elle compare rapidement, et s'arrête ou revient sur le jugement qu'elle a porté. Elle sacrifie aux convenances ce qu'il faut, et ne leur donne pas pour victimes sa raison ou ses affections. Elle écoute mieux que personne, et se plaît à donner l'essor à la pensée d'autrui. Sa gaîté est mêlée de raison; sa raison est échauffée de sensibilité; sa sensibilité est tempérée de délicatesse.

Il est vrai que de telles femmes sont rares; mais presque toutes, dans les classes élevées, ont de l'instruction, des talens et du goût. Les matières d'art et les littératures étrangères leur sont assez connues. Musiciennes sans beaucoup de passion, dessinatrices pleines de grâces, maîtresses dans l'art de tout dire et de bien dire, elles ont donné madame Gail, madame Lescot, madame de Genlis et madame de Staël.

Le nombre des femmes distinguées qu'a dernièrement vu naître la France est vraiment étonnant. Qui croirait que le même pays et la même époque ont produit madame Dufresnoy, madame Desbordes, madame Babois, madame de Salm, madame d'Antremont, pour la poésie; madame de Flahaut, madame Cottin, madame de Montolieu, pour les romans; madame Lebrun, madame Jacotot, madame Lescot, pour la peinture?

Peut-être, à y regarder de près, trouverait-on que cette supériorité intellectuelle, que cet éclat dont brillent, dans la littérature et les arts, les femmes françaises, sont un peu achetés au prix, non pas des qualités du cœur, mais de la vivacité des passions.

Tel est cependant l'état de la société, que tous les sentimens ont été approfondis, tous les mystères de l'ame dévoilés. C'est un malheur, sans doute, que cette parfaite connaissance de ce qui doit charmer l'ame. La passion véritable a besoin d'aveuglement et d'abandon. Cette étude, que les femmes font dès le berceau, ôte à la passion beaucoup de son charme; et la sensibilité ne s'accroît pas de cette parfaite connaissance des fibres du cœur.

Pardonnez-moi, charmantes Parisiennes. Vous êtes les plus généreuses, les plus aimables, les plus spirituelles de toutes les femmes. Compagnes de la vie, vous êtes pleines d'adresse, de bons conseils et d'habileté ; vous êtes sensibles à tout ce qui est touchant ou malin, sublime ou délicat ; je le sais, et je n'ignore pas que personne, plus que vous, ne réunit l'art de séduire à celui de conserver votre conquête. Mais j'en suis fâché, je vous crois plus capables d'inspirer la passion ou de la feindre, que de la sentir. Amies fidèles, femmes charmantes, maîtresses enchanteresses, vous avez peut-être acheté le don de séduire au prix de quelques jouissances, et le plaisir d'être adorées au prix du bonheur d'aimer.

LETTRE XXVII.

Paris, 28 septembre 1817.

Le boulevart de Gand est la lice où les champions de la mode viennent déployer tous leurs avantages :

Fier de l'éclatante poussière
Qui pare ses ailes d'argent,
Tel dans un rayon de lumière
Se joue avec orgueil l'insecte d'un moment (1).

Les révolutions de la mode mériteraient d'être écrites par quelque homme de talent. Leur état actuel est anglais :

---

(1) *A gay insect in his summer-shine,*
The fop, light-fluttering, spreads
His mealy wings.

THOMSON.

quelle bizarrerie ! au moment où les Anglais sont détestés, l'habit aux basques longues et effilées, la cravatte nouée en serviette et la petite redingote redeviennent à la mode.

Machiavel, le premier, assura que les Français ne sont fidèles qu'à l'inconstance. En fait de mode, il a raison.

Les femmes françaises ont porté, au douzième siècle, une tunique courte; au treizième, un habit de religieuse; sous Charles VI, des cornes de trois pieds sur la tête et le sein nu; plus tard des entonnoirs dans lesquels tout le buste était enfermé; ensuite des bonnets en pain de sucre; et puis, immédiatement après, sous Louis XI, des coiffures plates en forme de galette.

Louis XIV et Louis XV virent renaître les coiffures sublimes; la révolution les abattit et les mit à la grecque.

En 1780 l'Opéra brûla; on porta des robes couleur *feu d'Opéra*, et l'on se para du souvenir de ces malheureux brûlés tout vifs.

Un peu plus tard, les déjections d'un fils de prince donnèrent la couleur aux fontanges de ces dames. *Caca dauphin* parait le sein des petites-maîtresses; *caca dauphin* était sur ces lèvres de rose, qui, aujourd'hui, n'oseraient certainement rien prononcer de pareil.

LETTRE XXVIII.

Paris, 29 septembre 1817.

J'ACCOMPAGNAI dernièrement M. D*** et le major J*** à la chapelle des Tuileries.

A midi, les gardes du corps se formèrent en haie sur deux lignes, et annoncèrent les princes, qui venaient de leurs appartemens. Quand ils eurent pris leurs places sur le devant de la galerie royale, vis-à-vis l'autel, le roulement des tambours et les fanfares des trompettes annoncèrent l'entrée du roi, qui prit place dans un fauteuil de velours cramoisi, orné de fleurs de lis brodées en argent.

Les héraults d'armes, ou chevaliers

de la manche, habillés à la Henri IV, avec des chapeaux ornés de plumes et avec des manteaux de satin blanc, brochés en argent, se placèrent aux deux extrémités de la galerie. Devant le roi se tenait à genoux le cardinal de Talleyrand, ayant à ses côtés son neveu, le prince de Bénévent. L'excellent tableau que milady [illegible]rgan a fait de ce prince!...

Une distraction générale régnait, et ni la musique, ni la dévotion, ni la réflexion ne semblaient occuper beaucoup tous les magnifiques assistans.

LETTRE XXIX.

Paris, 31 septembre 1817.

L'ABBÉ Frayssinous vient de finir un cours de conférences à l'église de Saint-Sulpice. L'affluence était telle, qu'il fallait y aller une heure d'avance pour s'assurer une bonne place. Ces conférences ne sont point des controverses, mais des dissertations sur l'immortalité de l'ame, l'authenticité de la religion chrétienne, la beauté de la vertu. Il est très-libéral dans ses opinions politiques, et sa religion respire la paix et la tolérance universelle. Il captive son auditoire autant par la beauté de sa figure, que par la force de ses raisonnemens. Mais ce qui le rend l'idole de ses auditeurs, c'est le langage complimenteur qu'il adresse aux femmes, c'est la manière dont il parle de la gloire de la France. « Combien de » nos compatriotes, s'écria-t-il un jour, » à qui la fortune donnait le droit de » vivre dans l'aisance et la tranquillité, » et qui, se dérobant à une vie de dé- » lices, de plaisirs et de voluptés, ont » abandonné leurs lits de duvet pour » aller affronter les dangers et la mort, » et supporter toutes les fatigues de la » guerre! » Alors, se tournant vers les femmes, il leur dit qu'elles s'étaient montrées, par leurs vertus, pendant les calamités publiques, bien supérieures aux dames romaines, qui, par leur conduite, avaient couvert de la dernière infamie les règnes de Néron et de Caligula. « Chez nous, continua l'habile orateur, » chez nous, vous faites le charme de » nos cercles domestiques; vous répan- » dez dans la société un enchantement

» qui vous rend l'objet de l'admiration
» de tous, et de l'amour de tous les cœurs
» susceptibles d'en sentir la flamme. »

J'ai assisté dernièrement à un tirage de la loterie royale de France. Quoique ce soit une des choses les plus curieuses de Paris, peu d'étrangers ont vu ce singulier spectacle. Quatre-vingt-dix numéros sont jetés dans une roue ; à chaque tour de la roue, un enfant de l'hospice de la Pitié en tire cinq. Chaque numéro sortant est proclamé par un huissier, et paraît aussitôt dans un tableau placé sur les genoux d'une statue de la Justice, adossée à la muraille,

> Qu'on ne s'attendait guère
> A rencontrer en cette affaire.

Il serait impossible de peindre la joie des gagnans et le cruel désappointement des perdans, au moment où les numéros sont proclamés. Un murmure, que madame Radcliffe comparerait au bruissement de la mer agitée, annonçait la mésaventure de ces derniers. Mais quelle physionomie était celle des gens que Plutus avait favorisés, tout rayonnans de joie à l'apparition inattendue de leurs numéros! Le physionomiste, le peintre, l'observateur devraient venir là, pour apprendre jusqu'à quel point la figure humaine est capable de mobilité et d'expression. L'athée rejetterait à l'instant son matérialisme à la seule vue d'une grisette parisienne, dont les traits si mobiles passent en un moment à travers tant d'expressions diverses et vives.

LETTRE XXX.

Paris, 1er octobre 1817.

Vous avez sans doute lu le discours dans lequel lord Stanhope *stigmatise* la France et lui prodigue les épithètes les plus injurieuses. Il juge de leur caractère par le délire qui marqua le règne de la terreur. Toutes ses observations à ce sujet ont été réfutées dernièrement par un noble pair de France, dans un admirable discours.

« Les héros de la France, s'est écrié » l'orateur, ont couvert le hideux spec- » tacle de la terreur du voile de leur » gloire immortelle; ils ont enveloppé » les blessures de leur pays dans les re-

» plis de leur drapeaux victorieux, et » jeté leur épée conquérante dans un » des bassins de la balance, pour servir » de contre-poids à la hache de la révo» lution. »

Ce pays, quoiqu'obligé de courber la tête devant l'adversité, sent encore tout son pouvoir. La France, en jetant les yeux sur l'Europe, s'écrie avec le poète :

Ces champs furent à moi ; sur ces plaines immenses
Mon sceptre tout puissant naguère s'étendait ;
Europe, ton orgueil, sous le fer de mes lances,
Naguère encore s'abaissait (1).

Vendredi dernier, j'allai à Saint-Roch voir les cérémonies religieuses du convoi de madame D***, femme d'un des principaux chanteurs de l'Opéra. Elle s'est détruite elle-même, en respirant la vapeur du charbon enflammé : des chagrins domestiques l'ont portée à cet acte

---

(1) Lord BYRON.

de désespoir. Avant la révolution, madame D*** n'aurait point obtenu l'assistance du clergé chrétien; aujourd'hui, elle reçoit les funérailles les plus magnifiques: aux ténèbres de la sottise succède enfin le bon sens.

J'assiste aux lectures cliniques d'Alibert, sur les maladies de la peau. Il les fait en plein air, à l'ombre d'un bouquet de châtaigniers. Il y a dans ces lectures quelque chose de romantique. Les étudians sont assis sous l'ombrage, étendus sur le gazon ou groupés autour du professeur, qui leur montre des malades atteints des maladies dont il traite, et qui étale à leurs yeux sa magnifique collection de peintures, de gravures, la plus belle de l'Europe.

LETTRE XXXI.

A JULIE.

Paris, 2 octobre 1817.

MA CHÈRE JULIE,

Dans une de vos intéressantes lettres, vous me demandez si Talma voit diminuer son talent. Sa physionomie, ditesvous, doit avoir perdu beaucoup de cette mobilité d'expression, si particulière à la jeunesse; et vous soupçonnez qu'il doit rendre moins bien les sentimens du jeune âge, et manquer de force dans l'expression de cette ardeur enthousiaste, de cette vivacité, de cet emportement que les années contribuent tant à refroidir. Pour répondre à ces réflexions, je pourrais vous renvoyer à l'excellent jugement que madame de Staël porte sur le jeu de Talma dans son *Allemagne*, que je vous ai adressée dernièrement. Si la physionomie de ce grand tragédien perd quelque chose en fraîcheur, elle gagne *beaucoup* sous le rapport de cette dignité, de cette gravité, de cette profondeur et de cette expression tragiques. Lafon exprime quelquefois avec talent la véhémence, l'ardeur, les espérances de l'amour; mais rien ne résiste à l'entraînement de Talma, lorsqu'il exprime la passion, la force, l'énergie, la pensée, la résolution. Sa physionomie est admirable dans les profondes émotions et dans les grandes douleurs : c'est la vérité dans toute sa perfection, dans toute son énergie. Seul, de tous les acteurs, il fait voir cette impatience inquiète, ce profond dégoût de la misère et de l'ennui, qui expriment si bien la réalité de l'affliction.

L'air de son visage et toute sa personne savent exprimer tour à tour chaque nuance, chaque degré de la passion. Dans le dernier acte de *Britannicus*, de Racine, Talma, sous les traits de Néron, écoute avec impatience les amers reproches d'Agrippine. On devine les progrès de la colère, de la fureur et de la rage par la rapidité graduellement accélérée de sa respiration, et par ses gestes, à chaque moment plus pressés. A la fin, il lance sur elle un regard, éclair sombre, prophétique, inimitable. Les yeux attachés sur Agrippine, avec une expression de cruauté farouche qu'il est impossible de dépeindre, il appuie une main sur le bras de son odieux ministre, et sort enfin avec lui, pour méditer son parricide. Dans le rôle d'Hamlet, son expression fut si terrible dans le moment où il est prêt à poignarder sa mère, qu'une dame, placée dans une loge, tomba sans connaissance ; et, quand elle revint à elle par les secours de ses voisins, elle s'écria : « A-t-il tué sa mère? »

Un pareil trait dit tout.

A la représentation de retraite de Fleury, où la foule était immense, un vénérable vieillard parvint jusqu'au milieu du parterre, cherchant à s'y placer. Quelques personnes le repoussèrent brutalement et avec violence, et l'obligèrent à reprendre le chemin de la porte. Il y allait, quand plusieurs jeunes gens se levèrent et le rappelèrent, en lui témoignant leur indignation contre ceux qui n'avaient pas respecté ses cheveux blancs. Chacun voulait avoir le vieillard à côté de lui ; vingt places lui furent offertes, et il s'assit au milieu des bravos et des acclamations des spectateurs. L'instant d'après, un autre vieillard fut accueilli avec le même respect. Je fus témoin de ces deux faits, si honorables pour le caractère du peuple chez qui je les ai observés.

A ce spectacle une sorte de commotion électrique s'empara de toutes la salle. Je me crus aux jeux olympiques.

Pardonnez, ô mes compatriotes! un moment je regrettai de n'être pas né Français!

LETTRE XXXII.

Paris, 4 octobre 1817.

J'AI vu dernièrement une excellente satire contre ces personnes qui sont amplement douées du don de la parole.

La pièce est intitulée *le Parleur éternel;* un seul personnage parle pendant toute la pièce, et, quoique environné de dames, dont le défaut n'est pas le silence, il ne permet pas à une seule d'entre elles de le rompre. Chaque fois que l'une d'elles paraît disposée à l'interrompre, il s'écrie, avec impatience : « Pardon, madame, chacun doit » parler à son tour; » et alors il recommence son discoursavec sa volubilité accoutumée. L'avidité avec laquelle ses auditeurs expriment leur désir de parler est très-comique.

Cette pièce est charmante ; mais l'éternel Parleur n'est rien encore auprès de notre amie Blabber, qui dit en une journée ce qu'un copiste habile ne reproduirait pas en deux mois.

Voici peut-être la dernière occasion pour moi de vous parler de madame Catalani, que j'entends toujours avec un nouveau plaisir. Avec quelle fraîcheur et quelle pureté elle prolonge des sons d'une beauté ravissante! puis imite tout à coup les mugissemens des vagues ou le fracas d'un orchestre! fait éprouver tour à tour à ses auditeurs les sensations les plus délicieuses et les émotions les plus tendres! Elle plonge l'ame dans l'extase, dans la tristesse, et, par la vive gaîté de ses cadences, la fait renaître au bonheur.

Tel l'Ange de Milton :

Il cesse de parler : mais l'oreille ravie
Poursuit ses doux accens dans leur léger essor,
Et long-tems croit entendre encor
La voix qui s'est évanouie.

Personne ne sent, ne pense, n'entend, n'écoute que la divine cantatrice. Elle absorbe tout, un profond silence règne ; chacun est muet de plaisir.

Sa figure est légèrement mélancolique, et son sourire semble passer entre la gaîté et je ne sais quels souvenirs tristes.

LETTRE XXXIII.

—

A JULIE.

Paris, 3 octobre 1817.

Vos questions sur Rousseau, ma chère Julie, m'ont donné à penser. Permettez que je remette à quelque tems ma réponse.

Je lis et je relis Corneille. Ah! mon amie! quel homme! quel génie! ses fautes mêmes ont de la grandeur!

Je fais des études sur le génie. Mon épigraphe, la voici: elle est tirée du Cid; et j'applique à l'immortel Pierre ce qu'il appliquait à Rodrigue. *Corneille a l'ame haute;*

Il ne saurait souffrir une basse pensée.

En effet, ce qui étonne chez lui, c'est ce vaste et secret tissu de hautes pensées qui composent ses ouvrages. C'est le poète le plus magnanime qui ait jamais écrit.

Son cœur est toujours héroïque ; son esprit toujours fier. Il est trivial, dit-on. Cela est vrai; comme il n'est soutenu que par sa propre force, et qu'il ne compte pour rien la *manière de dire*, mais pour tout la *manière de sentir*, il tombe, et tombe de très-haut, toutes les fois qu'il s'agit de déguiser une chose commune sous une expression heureuse.

Ajoutons que sa trivialité est fréquente et quelquefois sublime ; il a une espèce d'ironie populaire qui rappelle Bonaparte, et qui marque le grand homme. Comment est-il si majestueux dans une locution vulgaire ? Quelle saveur d'héroïsme au milieu de tant d'incurie!

> *Vous en êtes aussi*, madame, et je me rends.

Vous en êtes aussi est vulgaire : la

force du sentiment seule entraîne la pensée. On ne voit que la passion d'Héraclius, que ce dévouement de l'amour, que cet aveugle abandon du jeune homme. Rien n'avait pu l'ébranler. Il trouve son amante au nombre de ses adversaires; un sentiment amer le domine; il exprime ce mouvement si fier, si haut, si admirable de son ame par ces mots communs,

Vous en êtes aussi, madame.........

Voilà la grandeur dans le trivial! on en donnerait mille autres exemples.

Corneille trouve un plaisir extrême à faire lutter dans un cœur l'énergie de la passion et celle de la vertu. C'était une ame romaine, qui n'eût rien fait de toutes ces délicatesses de passion que Racine a exploitées.

Il est à remarquer que Corneille n'a vu la tragédie comme aucun de ceux qui l'ont suivi. C'est la tragi-comédie qu'il a faite. Le Cid est un drame héroïque, et un soufflet donné n'est certes pas un ressort de tragédie, telle que les Laharpe l'entendent.

Corneille est du nombre de ces grands modèles, que l'on ne peut espérer d'atteindre, dont il faut signaler les écarts, mais dont il faut avoir devant soi l'éternelle image, si l'on veut se former au grand et au beau véritables (*a*).

Note de l'Editeur.

(*a*) Toi, dont l'ame soupire après la gloire, et qui veux communiquer aux hommes qui t'entourent et aux hommes qui naîtront les émotions de ton cœur, les créations de ta pensée, veux-tu t'initier aux secrets du sublime ? T'effraies-tu des dégoûts d'un peuple de critiques, et de l'indifférence d'un siècle blasé ? Laisse de côté les petits auteurs, les petits ouvrages ! Ne trempe point, comme disait Platon, les ailes de ton esprit dans le vulgaire et le commun. A côté de Rousseau et de Voltaire, place devant toi Corneille; son élévation soutiendra la tienne; il t'apprendra cette merveilleuse concentration de la pensée, sans laquelle le génie ne fait rien de durable. Auprès de lui, mets Pascal; c'est le plus rigoureux des esprits. Plus loin, que les mille facettes de Sénèque, que la fougue turbulente de Diderot te servent, non de modèles, mais d'études. Etudie chez l'un, cette forme de phrases, qui jaillit en gerbe, retombe en cascade, et met toujours la pensée en saillies; de l'autre, apprends le mouvement, la couleur et l'abandon. Le subtil Bacon peut te montrer comment une analyse s'échauffe au foyer d'une imagination poétique; profond dans son oblique et burlesque plaisanterie, ouvre Sterne, et ne l'imite qu'avec choix. L'Arioste bercera mollement ton esprit dans sa nacelle enchantée, et le vaste Homère reposera ton imagination. Chez Tacite, tu trouveras non-seulement la misanthropie vigoureuse, la finesse et la rapidité, aperçues des modernes, mais ce simple et cette gravité, cette noblesse et ce dédain, cette ame républicaine enfin, qui lui méritait bien de s'appeler aussi *Corneille* (*Cornelius Tacitus*), neuf siècles avant le *Cor-*

neille des Andelys, et ce caractère que Pline le jeune avait si bien caractérisé par le mot grec Σεμνως. Pour compléter cette bibliothèque d'études, admettons-y Montaigne ; c'est là que le jeune homme ira butiner les trésors d'une expression piquante, l'embarrassante philosophie du doute, l'inextricable et vive adresse des argumens, le bonheur singulier des citations et la naïveté franche et gasconne. Que Montesquieu, Shakspeare et le Dante achèvent de remplir ses rayons : Montesquieu doué de tant d'esprit et de force ; Dante l'un des génies les plus créateurs et les plus vigoureux ; Shakspeare enfin, non pour le tragique, comme le pense le vulgaire, mais pour la vérité des caractères et le vaste talent de l'observation.

LETTRE XXXIV.

—

A. J. D.

Paris, 6 octobre 1817.

MON CHER CRÉSUS,

Je crois que vous n'avez jamais lu, je crois même que vous n'aurez jamais envie de lire les ouvrages de Montesquieu. Vous m'excuserez donc si dans l'occasion j'emprunte les pensées et les expressions de cet écrivain inimitable, qui dit, avec beaucoup de justesse, que la vanité est le caractère dominant du Français. Ce travers est fort amusant quand il s'allie à leur esprit : c'est précisément de cette alliance que naît la plaisanterie. Rire d'autrui, c'est se rendre hommage à soi-même. Ils plaisantent au conseil, ils plaisantent à la tête de l'armée, ils plaisantent avec un ambassadeur. Leur vanité et leur raillerie embrassent tous les sujets : pâtissiers, cuisiniers, tailleurs, considèrent chacun leur profession comme se rattachant par quelque point à la science de plaisanter. Nulle part le *gay-savoir* n'est plus nécessaire.

« Milord, me disait ces jours derniers un barbier en me regardant, je vois que vous êtes de Londres : permettez moi de vous assurer, avec un profond respect, que la science du rasoir est tout-à-fait inconnue dans votre pays. Ah! monsieur, je tiens d'une autorité respectable que parmi vous les barbiers rasent l'épiderme ; vous devez concevoir que la destruction de cette précieuse membrane est contraire aux premiers principes de la science, et produit les effets les plus désastreux. » A ces mots je ne pus retenir un éclat de rire convulsif, et mon barbier, déconcerté, me rasa le derme, ou l'épiderme.

Les Français, qui ont tant d'esprit, n'aiment pas les esprits : les fantômes leur font horreur. L'ombre d'Hamlet fait frissonner John Bull ; le Parisien la saluerait d'un rire inextinguible. La crainte des revenans est tournée en dérision par toutes les jeunes filles de douze ans ; je veux vous citer, à ce sujet, une aventure assez connue en France. La célèbre madame Deshoulières résolut un jour de s'assurer si un certain vieux château était en effet habité par ces êtres incorporels, qui donnent une réputation de terreur aux habitations solitaires. Elle fit placer son lit dans la salle basse du terrible château, et elle dormit fort tranquillement jusqu'à minuit. Elle fut alors réveillée subitement par le bruit de la porte qui s'ouvrait, et de l'entrée d'un *être* qui aurait glacé d'une frayeur mortelle toute autre que l'intrépide Deshoulières. L'objet terrible s'avança jusqu'au bord de son lit sans faire trembler notre héroïne, ses mains rencontrèrent deux oreilles moelleuses comme le velours; elle les saisit avec force, et résolut de ne point lâcher prise jusqu'au matin; elle resta dans cette position pendant plusieurs heures, jusqu'à ce que, le jour commençant à luire à travers les volets, elle reconnut que son prisonnier n'était autre que Gros-Blanc, le chien du château. Notre héroïne rit bien fort et de bon cœur en voyant un pareil dénouement. Elle se leva alors, et examina la fermeture de la porte; le bois en était en si mauvais état que le plus léger choc suffisait pour rendre la serrure tout-à-fait inutile. Gros-Blanc, qui aimait ses aises, avait été déterminé par la facilité de l'entrée à choisir cette pièce pour chambre à coucher. C'est ainsi, dit madame Deshoulières elle-même, que les circonstances les plus puériles sont magnifiquement transformées en présages et en phénomènes surnaturels. Et c'est ainsi que l'on écrit l'histoire!

LETTRE XXXV.

Paris, 2 octobre 1817.

UN jeune homme de très-bonne famille, généralement estimé pour ses qualités personnelles, aimait éperdument une jeune personne de Castres, aussi recommandable par sa beauté que par son mérite. Ils avaient été élevés ensemble, et comme *le Céladon* et *l'Amélie* de Thomson,

En deux corps séparés c'était une seule ame.

La mère de la jeune personne, après avoir entendu les discours des missionnaires, dont elle fut très-édifiée, résolut de congédier l'amant, qui était calviniste, et par les avis d'un saint homme de ses amis, lui ordonna de cesser ses visites; elle voulait d'ailleurs autoriser les prétentions d'un vieux baron catholique, violemment épris de sa fille. Pendant long-tems la jeune personne gémit en silence : et les visites ennuyeuses de son adorateur, en perruque à frimats, ne devaient guère égayer sa mélancolie.

A la fin, elle trouva l'occasion de faire tenir un billet à son amant, et de lui indiquer un rendez-vous pour la nuit prochaine dans sa propre chambre. Vous vous imaginez facilement la joie et les transports du jeune homme. Je ne vous décrirai point leur entrevue, après une absence de plusieurs mois, ni leurs protestations mutuelles, ni leurs sermens d'éternelle fidélité. La voix de la mère, qui se fit entendre, vint troubler leur bonheur. Cette dame demandait que la porte lui fût ouverte à l'instant. Que faire dans ce moment critique? Le jeune homme se tapit à la hâte derrière les rideaux d'une fenêtre, dont les volets étaient ouverts; la mère se précipite dans la chambre, accable sa fille d'injures, et cherche dans tous les coins ce malheureux jeune homme. A la fin elle ouvre les rideaux de la fenêtre, et aperçoit l'ombre d'un homme; n'écoutant que les transports de sa colère, elle ferme les volets qui se trouvaient en dedans, et précipite le jeune homme dans la rue. Il expira le lendemain matin. Son amante dissimula son chagrin, et consentit à accompagner sa mère, le jour même, chez un de leurs amis. Comme ils suivaient le bord de la rivière, tout à coup elle tire de son sein le portrait de son amant, le donne à l'ami qui les accompagnait, et court au parapet. Les personnes qui étaient présentes la suivirent; mais l'obcurité de la nuit favorisait son projet, et quand ils atteignirent le bord, elle n'était plus. La mère tomba dans le plus profond désespoir.

L'Espagne rétablit l'inquisition, l'Allemagne redevient le théâtre de querelles religieuses, la Chine persécute ceux qui se convertissent à la religion chrétienne, et Rome fait de nouveaux saints!

On m'a dit que le révérend père Possadus, fameux moine espagnol, serait béatifié au mois de septembre. Ce vertueux cénobite a mené une vie si exemplaire, qu'on lui a attribué plusieurs miracles.

Une jolie fille de Madrid avait coutume de confesser ses peccadilles à sa révérence ; sa ceinture trahit bientôt une rotondité suspecte, et les dévots de l'endroit ne manquèrent pas d'attribuer cet embonpoint au pouvoir miraculeux de saint Possadus : à tout hasard il sera canonisé.

Le bruit court que le consistoire de

Rome a écrit en France pour recueillir des renseignemens concernant plusieurs missionnaires qui doivent être sanctifiés après leur mort.

La *Minerve* contient souvent des observations fort intéressantes sur les Etats-Unis; le dernier numéro renferme l'éloge de l'administration de M. Monroe; suivant la *Minerve*, elle porte l'empreinte d'une grandeur et d'une énergie remarquable, et promet à la seule vraie république du monde de longues années de gloire et de prospérité. Les Etats-Unis sont précisément ce qu'ils doivent être : sincèrement américains, ils concentrent tous leurs intérêts dans leur hémisphère ; sincèrement républicains, chez eux la cause du peuple est la cause du gouvernement.

La *Minerve* est dirigée par les auteurs du ci-devant *Mercure de France ;* ce dernier ouvrage périodique, après des siècles d'existence, a été supprimé par la police, pour avoir publié une ode contre le ministère. Chaque jour, en Angleterre comme en France, est signalé par quelque coup d'autorité.

On a saisi plusieurs numéros d'un ouvrage périodique, *le Censeur Européen*, dans lequel il avait inséré quelques observations sur la conduite du président du tribunal de Rennes pendant les guerres civiles de la Vendée. Au lieu de chercher à se justifier, M. le président a lancé un mandat contre l'auteur et l'éditeur de l'ouvrage. Ce dernier a eu le bonheur d'échapper par une porte de derrière; les gens de police entrèrent dans sa maison, brisèrent ses glaces, ses porcelaines, et coupèrent même les draps de son lit. Dunoyer fut arrêté dans les bras de sa jeune et aimable épouse. Il fut conduit ignominieusement à Rennes, et renfermé dans une prison destinée aux criminels. Aussitôt que les habitans de cette ville eurent appris son arrivée, ils se réunirent dans la soirée sous ses fenêtres, et lui donnèrent une sérénade. La musique était charmante, et leur imagination s'épuisa à lui témoigner de toutes manières leur attachement. L'avocat de Dunoyer fut porté en triomphe dans les rues; on lui donna des fêtes et des banquets où l'on invita toute la ville, à l'exception de M. le président.

Voilà ce qui est nouveau pour moi, et ce que je n'ai pas vu en Amérique.

LETTRE XXXVI.

Paris, 8 octobre 1817.

La veille de la Saint-Louis, les théâtres ont donné des représentations gratis ; la foule, comme vous l'imaginez bien, était immense. On voyait des poissardes dans la loge des princes, et des serruriers à la première galerie. A l'Opéra, au milieu de la représentation des Danaïdes, quand Danaüs, dans les enfers, est entraîné par les furies vers le roc enflammé, une planche, détachée du plafond, tomba au milieu du théâtre ; un homme fut tué sur la place, et trois autres furent grièvement blessés.

M'étant procuré, non sans peine, un

billet d'entrée, je me mis à la queue pour entrer aux Tuileries, où il y avait grand couvert; sa majesté était habillée en maréchal de France, et ne portait qu'une décoration, celle de la Légion-d'Honneur. S. M. était de fort bonne humeur, et beaucoup plus gaie que le reste des convives.

Les assistans circulaient autour des tables dans une admiration silencieuse, sans pouvoir s'arrêter un instant; les gardes exerçaient avec attention leur surveillance.

Les montagnes artificielles et les jardins publics ont aujourd'hui la vogue. Un accident déplorable a dernièrement arrêté les courses de char; au jardin Beaujon, le char descendait avec la rapidité de l'éclair du haut de la montagne quand il se brisa tout à coup: deux personnes qui s'y trouvaient furent jetées contre la barrière, et tuées sur la place. Les courses furent à l'instant arrêtées par ordre de la police, et en moins d'une demi-heure, le jardin fut désert.

De peur de faire des pertes immenses, les propriétaires se sont avisés de placer dans le magnifique comptoir du café, Mlle Rose Pierret, jolie femme de Rhodez, qui figura dans le procès des assassins de Fualdez. Les propriétaires du jardin ne pouvaient faire une plus heureuse spéculation. La foule est aujourd'hui plus grande que jamais, et Mlle Rose est l'objet de la curiosité générale.

Usbeck (dans les *Lettres persanes* de Montesquieu) dit que, quand il arriva à Paris, la populace des badauds le considérait avec autant de curiosité que si un ange céleste fût tombé des cieux. Cela me détermina (dit-il) à échanger mon costume persan contre celui d'un petit-maitre parisien, pour voir s'il restait quelque chose de merveilleux sur mon visage ou dans ma personne ; mais je trouvai bientôt que mon tailleur m'avait réduit à une nullité absolue, et que je n'étais plus l'objet de l'attention ni de la curiosité publique. La même chose arriva à Rousseau avec son costume arménien, dans les rues de Londres.

Je vous ai souvent parlé du goût qui préside à la parure des parisiennes. Une française brille plus dans son simple déshabillé du matin, qu'une petite-maîtresse anglaise mise avec beaucoup plus de richesse et de dépenses. Dans les promenades publiques, les dames portent des robes de couleur, tandis que nos élégantes d'Amérique ne voudraient, pour rien au monde, être rencontrées dans les rues avec d'autres couleurs que le blanc ou le noir.

La véritable ingénuité manque aux jeunes filles de ce pays. Elles savent dès dix ans languir, prendre des airs de romans, et employer les manœuvres d'une savante coquetterie.

LETTRE XXXVII.

Paris, 9 octobre 1817.

DANS ma dernière visite à Bicêtre, je priai le concierge de me faire savoir quand les galériens, ou criminels condamnés aux travaux forcés, partiraient pour Brest.

Il y a quelque tems, j'en reçus l'avis de cet homme, qui fut plus exact à m'en informer que je ne l'étais à me souvenir de ce que je lui avais dit. J'allai à Bicêtre voir mettre les condamnés aux fers, la veille de leur départ. Ils étaient trois cent douze, dont plusieurs n'avaient pas plus de quatoze ou quinze ans. Douze chaînes d'une immense longueur furent placées parallèlement à terre. Vingt-six prisonniers furent attachés à chaque chaîne, que l'on fixa au cou de chacun d'eux par des colliers de fer et d'autres chaînes plus petites. Après cette opération, on leur rasa la tête, et ils furent envoyés à leurs prisons pour y passer la nuit. Le lendemain, de bonne heure, ils commencèrent à défiler dans de longues charettes.

A trois lieues de Paris, ils furent dépouillés, et l'on rechercha minutieusement s'ils n'avaient point sur eux des limes ou d'autres outils dont ils pussent se servir pour s'échapper.

Le marquis de Beaubois, le gouverneur, m'expliqua en détail les règles et usages de Bicêtre, et me montra plusieurs des plus endurcis de ces criminels. Le capitaine, qui commande la garde de la chaîne, a été parfaitement choisi pour cet office; il est entièrement privé de ce que Lady Macbeth appelle

The milk of human kindness (1),

et fort comme un Milon de Crotone. Il a pouvoir de vie et de mort sur les galériens, pendant la route de Brest ou de Toulon, et peut faire casser la tête du premier qui donnerait quelques symptômes de mutinerie.

Ce malheureux jeune homme paraît avoir de bonnes dispositions (dis-je, en montrant un jeune homme), si j'en juge par l'agrément de ses traits et l'amabilité de sa physionomie. — C'est le plus grand scélérat de tous les malheureux que vous voyez, me répondit M. de Beaubois ; il a la cruauté d'un tigre ; il est dénué de tout sentiment humain ; il n'a point son égal en scélératesse. Dans un accès de jalousie, il essaya de déchirer par ses morsures le sein de la jeune fille qu'il avait séduite ; et,

---

(1) SHAKSPEARE, *Macbeth*.

dans le fait, il la blessa d'une manière atroce.

Une autre fois il essaya d'étouffer..... Dirai-je sa mère? La plume me tombe des mains; non, le récit de son crime ne souillera point cette lettre (1). La lecture de mauvais livres fut une des principales causes de son étonnante perversité. Vous savez que Napoléon avait fait renfermer D....... à Charenton, pour avoir publié plusieurs volumes immoraux et blasphématoires. Dans cet infâme ouvrage, il fait l'histoire de deux sœurs; l'une vertueuse et le modèle de son sexe; l'autre une vraie Jézabel. La première devient la proie de toutes les misères humaines, et l'autre arrive au comble de la félicité par la plus honteuse dépravation et les crimes les plus énormes.

---

(1) Voyez la *Note de l'Editeur*, page 234.

De retour à Paris, je me servis du même guide pour visiter les cachots. A travers une voûte grillée et un passage affreux, je parvins jusqu'aux prisons dans lesquelles les condamnés avaient été renfermés.

Les colléges électoraux vont bientôt se réunir, pour la seconde fois depuis la nouvelle loi des élections. Déjà les auteurs mercenaires publient leurs libelles diffamatoires, et les divers partis commencent leurs intrigues. Dans quelques jours un congrès de rois va s'assembler à Aix-la-Chapelle. La France, aujourd'hui si pacifique, va paraître à la barre, offrant d'une main le tribut douloureux de ses sacrifices, et s'appuyant de l'autre sur ses trophées, arrosés de son sang et de ses larmes.

La France a présenté au monde un exemple frappant des vicissitudes de la fortune : après vingt-cinq ans de victoires, menacée d'un double danger, elle a conservé sans tache sa gloire et son honneur. Sa patience et sa résignation dans l'adversité, son respect pour les traités, son exactitude à remplir les engagemens les plus pénibles, ont exalté son nom à la face de l'Europe.

Pour prouver les avantages de la monarchie absolue, on cite le règne brillant de Louis XIV. Voyez-le un instant au milieu de sa cour somptueuse : tous les arts l'environnent de leurs merveilles, tous les talens conspirent à augmenser sa gloire; il assiste à sa propre apothéose; la nature elle-même abaisse son front devant lui, les forêts disparaissent à son commandement, les montagnes s'aplanissent, les rivières quittent leur lit naturel, l'univers est rempli de son nom. Mais ne franchissez pas le seuil de ces magnifiques palais, ne détournez point les yeux de ces statues animées par le ciseau, créateur de ces bronzes, images vivantes de ses méprisables courtisans. Si vous abaissez vos regards sur les chaumières, vous y verrez la servitude et le désespoir. Les murs de ces édifices royaux ont été cimentés par des sueurs et des larmes du peuple; la subsistance de cent familles a été dévorée pour enrichir une maîtresse; toutes les provinces ont été ruinées pour creuser des canaux et suspendre des aqueducs sur les montagnes.

Note de l'Editeur.

(*a*) L'Américain doit à *l'Hermite de la Guyane* la plus grande partie de cette lettre. Nous faisons cette remarque, qui n'est pas un reproche : Champfort permet aux écrivains la piraterie au delà de la ligne; et les nôtres, il faut l'avouer, usent largement de la permission.

LETTRE XXXVIII.

—

Paris, 15 octobre 1817.

Quelques amis et quelques dames firent dernièrement la partie d'aller à Ermenonville, visiter le tombeau de Jean-Jacques Rousseau. Je me joignis à eux ; notre petite caravane se mit en route dès huit heures du matin. Elle fut plus paisible que gaie. L'année mourante, la chûte des feuilles, quelques sentimens tristes qui reposaient au fond de l'ame de plusieurs d'entre nous, nous inspiraient plutôt le silence et la rêverie que les bons mots et la joie.

Parmi nous se trouvaient un vieillard aimable qui causait fort bien de Jean-

Jacques, qu'il avait eu l'occasion de voir dans son enfance, lorsque ce malheureux homme se promenait solitaire au Luxembourg ; un jeune avocat, nommé A***, dont le caractère charmant se compose de force, de modération, de sagesse et d'abandon ; et plusieurs dames, entre lesquelles je ne vous peindrai que la plus intéressante. Vive dans sa mélancolie, enthousiaste et douce, naïve et fine, ses yeux bleus, dont un beau sourcil brun dessine le contour, étincellent d'esprit et révèlent ce feu secret de l'ame, que tant de coutumes éteignent, que tant de convenances étouffent.

Le soleil allait se coucher quand nous mîmes pied à terre. En octobre la chûte du jour est rapide ; la lune se leva ; son orbe rouge diminuait à mesure qu'elle montait dans le ciel. Nous nous acheminâmes par un sentier à gauche ; mais bientôt nous reconnûmes que nous nous étions égarés. Dans cette vaste campagne comment retrouver son chemin ? Long-tems nous marchâmes au hasard, nos dames, bien lasses, s'appuyant sur nos bras, et nous reprochant notre audace de nous être mis en route si tard. Enfin une petite lumière lointaine que nous aperçûmes, nous servit de phare ; nous nous dirigeâmes vers ce rayon de salut. Une bonne paysanne se leva pour nous indiquer le chemin que nous devions prendre ; elle nous conduisit même pendant quelque tems ; et, charmés de trouver cette obligeance au moment où nous en avions si grand besoin, nous continuâmes de marcher jusqu'au bois d'Ermenonville, où nous prîmes un peu de repos.

Des flots d'une clarté blanchâtre tombaient du ciel sur la forêt ; les clairières semblaient nager dans une vapeur bleue, légère et céleste ; les troncs des chênes et des hêtres, frappés de la lumière, apparaissaient au dessous de l'ombre du feuillage, comme les blanches colonnes d'un temple irrégulier. Nous marchions en silence sur la molle dépouille des arbres, qui laissaient tomber leurs feuilles, quoique nul vent ne les agitât. Le sentiment du tombeau de Jean-Jacques était présent. Céline se mit à chanter une romance ; nous en répétions tous le refrain. La mort et la vie, le génie et la nuit, la philosophie et les amours, la musique et la rêverie.... ces plaisirs se sentent ; le cœur se les rappelle ; la plume les indique ; rien ne peut les rendre.

Après avoir, dans l'auberge qui porte le nom de Jean-Jacques, bien reposé notre corps et notre ame, nous nous levâmes dès les quatre heures du matin, pour achever notre pélerinage. Nous déjeûnâmes avec du pain bis, qui a une saveur, suivant moi, bien plus exquise que le meilleur pain blanc de Paris, du sucre, et de fort bon beurre, qu'une petite villageoise, propre, jolie et fort polie, avait préparé de ses mains.

La femme du concierge d'Ermenonville nous donna pour guide l'aîné de ses fils. Tous ces gens étaient simples, prévenans et affectueux. Nous entrâmes dans ces beaux jardins, qu'une famille si estimable a conservés et conserve avec une vénération qui l'honore.

En vain l'exaltation de l'ame eût cherché un aliment : l'époque de l'année était morne et monotone ; le ciel était pur, mais d'une teinte grisâtre ; nul étranger ne troublait cette solitude. Nous marchions doucement sur les bords du lac, non loin du temple de la philosophie, et sans mot dire ; nous suivions le jeune guide, qui nous menait vers le bateau. Il le détacha ; l'eau était bien calme, et, pendant que la rame frappait l'onde, nous vîmes avec étonnement un de nos compagnons de route se détourner, en y laissant tomber quelques pleurs. Nous ne le connaissions pas, et il s'était adjoint à nous depuis la matinée. Sa figure, un peu pensive, mobile, indiquait des passions fortes et des émotions rapides. Malgré l'habitude des villes, la vérité des sentimens a toujours de l'attrait : nous crûmes devoir respecter sa tristesse. Il vit notre surprise, il comprit notre réserve ; et, se tournant vers nous avec un ton de simplicité qui nous toucha beaucoup, il nous dit : « *Ce tombeau » est vide.* »

Nous abordâmes, presque aussi émus que le jeune homme, et nous nous assîmes au pied de ce tombeau, où *ne repose plus l'homme de la nature.* Les rameaux des peupliers n'avaient déjà plus de feuilles ; ils se froissaient les uns contre les autres, avec un bruit de tristesse. C'était une harmonie de douleur, qui répandait dans mon ame un sentiment inexprimable, et la glaçait pour ainsi dire. La France avait perdu ses gloires ; l'Europe ses libertés ; Rousseau son dernier asile : tout semblait, comme l'automne, mourir, expirer et s'éteindre. Préoccupés de ces pensées, nous nous taisions, quand une discussion vive interrompit ce silence.

Des mots pleins d'enthousiasme étaient encore échappés au jeune homme ; deux voyageurs l'avaient contredit avec force ; une dame de nos amies s'était jointe à eux.

C'était une de ces femmes aimables qui, déjà sur le retour, font de la délicatesse de cœur avec la finesse de leur esprit, et qui se croient bien vertueuses quand elles ont rassemblé quelques maximes de salon ; bien philosophes quand elles ont observé une ou deux gaucheries pendant une soirée ; bien éloquentes lorsqu'elles ont rédigé, en phrases de boudoir, leurs réflexions imperceptibles. Elle commença par avouer le génie de Rousseau, puis elle lui refusa toute espèce de vertu, même de bonté ; elle fit valoir toutes les sottises, toutes les faiblesses, toutes les inconséquences de sa vie, avec adresse toutefois et tant de ménagemens, que personne n'eût pu s'apercevoir que le tombeau était là. Jean-Jacques lui-même eût pu écouter, sans trop de colère, les discours habiles de l'accusatrice. Elle avait cependant beau jeu. En se couvrant, comme d'un bouclier, de tout le respect qu'elle professait pour le génie de Rousseau, elle n'eut qu'à rappeler sa jeunesse vagabonde, ses vols, ses apostasies, son ingratitude, ses singularités, son mariage, indigne de lui, son état de laquais, sa misanthropie; et elle finit, en réunissant tous ces beaux traits en un faisceau, par prononcer, avec l'aimable Marmontel: « Que Jean-Jacques était un *très-bel* » *esprit*, mais une *ame très-noire*. »

Le vieillard était assez de cet avis, et le discours avait fait impression. Le jeune homme se leva très-agité, et dit:

« Je ne défendrai pas son talent; il se
» défend assez de lui-même. Mais il est
» peut-être important de prouver qu'un
» grand génie n'est pas un méchant
» homme : cet hymen du crime et du
» génie serait horrible pour l'humanité.
» C'est lui que je repousse.

» D'abord je trouve un peu de cruauté
» dans cette légère vue de l'esprit, qui
» condamne à la volée le plus éloquent
» philosophe du siècle; je ne crois pas
» qu'un aperçu si rapide suffise pour
» éclairer un si grand mystère, et ap-
» profondir cette ame; pour expliquer
» cet homme étrange, et pour ouvrir
» l'arsenal des passions où se forgeait
» le génie!

» Il est certain que Jean-Jacques dé-
» passait les facultés communes : le cœur
» qui dicta les lettres de Saint-Preux
» était plus vaste; l'esprit où *le Con-*
» *trat social* a germé était plus grand
» que chez les autres hommes. Il ne

» faut pas soumettre à la règle vul-
» gaire l'ame qui en sortait par tous les
» points, ni traiter l'auteur d'*Héloïse*
» comme le dernier clerc de collége.
» Certes, l'homme qui éclaira le monde
» a droit à un plus modeste et plus strict
» examen.

» Du moins, quand le génie a dis-
» paru, faisons-lui un peu de grâce! Ses
» facultés sont devenues notre bien,
» notre bonheur, notre trésor; voyons
» un peu si ces fautes que lui reprocha
» l'envie contemporaine ne sont pas
» nées de ces facultés même. En profi-
» tant de l'héritage du grand homme,
» ne lui demandons pas un compte trop
» strict des erreurs et des oublis d'une
» vie occupée à l'amasser, cet héritage
» dont il nous enrichit. Allez, le génie
» n'est pas si commun, que nous ne
» puissions, sans danger, lui pardonner
» les fautes qui sont de sa nature et de
» son essence.

» Il fut ingrat, dit-on; il passa une » jeunesse vile et vagabonde ; il exposa » ses enfans; il fut mauvais père, mau- » vais ami, mauvais homme. Ah! certes, » de telles charges sont terribles; et, s'il » est vrai que l'auteur du *Vicaire sa-* » *voyard* ait été un scélérat, il faut mau- » dire le talent, il faut arracher ses cen- » dres à leur repos, il faut le livrer à » toute l'exécration des siècles : celui » qui écrivit si bien et fit si mal est sû- » rement plus détestable que Cartou- » che. Ne nous a-t-il point appris à rire » de la vertu et à parler d'elle en mots » pompeux, tout en pratiquant le vice? » Il ne l'a pas seulement blessée, il l'a » profanée à jamais.

» Rousseau fut ingrat, si vous voulez » appeler de ce nom ce besoin d'amitié » qui lui faisait maudire le bienfait qui » n'était pour lui qu'un piége. Sa jeunesse » fut vile : et vous ne voyez pas que » c'est faire le plus grand éloge d'une

» jeunesse pareille, qui a donné de tels
» fruits! Il fut mauvais ami, comme si
» Diderot ne l'avait point abandonné,
» Grimm point calomnié, Voltaire
» point flétri de son dévorant sarcasme.
» Il fut mauvais père; c'est-à-dire qu'en-
» traîné dans une véritable faute par
» tout ce qui l'entourait, et par les
» fantômes d'une philosophie hors de
» son siècle, il a passé sa vie à verser
» des larmes de sang sur l'erreur que
» vous lui reprochez, et qu'à peine im-
» putez-vous à crime à madame de
» Tencin et à mille autres, qui vivaient
» dans le grand monde, et que l'éclat
» de leurs salons met à l'abri de tous
» reproches!

» Les fautes de Jean-Jacques eus-
» sent été évitées par un caractère
» sec, par une ame sans mollesse et sans
» abandon, par une prudence sociale,
» si aisément acquise dans le monde
» par les gens heureux et vulgaires. O

» mes contemporains! vous n'apostasiez
» point dans les églises, vous ne volez
» point des rubans, vous n'exposez point
» vos nouveaux-nés, ce sont là des fautes
» trop grossières : vous savez trouver de
» plus heureux accommodemens, de
» plus doux termes mitoyens entre la
» vertu et le vice : vous servez honnête-
» ment deux ou trois partis, spéculez
» honnêtement sur vos amis, les sup-
» plantez avec adresse, friponnez avec
» décence, et triomphez du pauvre
» homme qui, jeté par la société dans le
» vice, manque de votre adresse à le
» cacher.

» Non, Jean-Jacques n'aimait pas les
» bienfaits : et qui l'en blâmera? Quels
» bienfaits ne tournèrent à son dom-
» mage et à son malheur! Jean-Jac-
» ques se livrait à l'amitié, sans re-
» tenue, sans règle, sans bornes : le
» malheureux attendait des hommes ce
» qui n'appartenait pas aux hommes,

» une franchise de tous les momens, un
» dévouement dont lui seul était capa-
» ble, et un fanatisme d'amitié qui ne
» convenait qu'à son organisation per-
» sonnelle. Si exigeant, avait-il tort de
» se refuser aux amitiés qui l'auraient
» entraîné dans des liaisons, véritables
» tourmens pour lui? Tous les attache-
» mens de Jean-Jacques finissaient par
» déchirer son cœur : c'était des chaî-
» nes que son ame, ardente et bonne,
» prenait aisément, et qui la faisaient
» saigner. Il les repoussait, il les fuyait...
» et on le blâme.

» Quant aux fautes de sa jeunesse, je
» voudrais bien que les hommes descen-
» dissent un peu en eux-mêmes, et se
» demandassent : As-tu jamais détourné
» à ton profit une pauvre feuille, une
» pomme, un fruit, un instrument? Te
» souviens-tu des faiblesses de ton cœur?
» Admis chez ton ami, as-tu aimé sa
» femme ou sa nièce? Compte tes jours,

» tes heures, tes momens. Ose, ose tra-
» cer sur le papier le compte de tes er-
» reurs, de tes faiblesses, de tes vices ;
» fais ton bilan avec toi-même ; affron-
» te-s-en l'épouvante ; et, au lieu de
» trouver dans les *Confessions* de Jean-
» Jacques la preuve de son crime et de
» sa scélératesse, avoue, qui que tu sois,
» que tu n'aimes point à voir le cœur
» humain mis à nu ; que tu redoutes le
» flambeau porté par Jean-Jacques et
» sur lui-même et sur nous tous, et
» que tu voudrais déchirer, abattre la
» main qui a déchiré les voiles de nos
» ames.

» Il est ensuite bien pardonnable d'ac-
» cuser Rousseau. Lui-même a dressé
» avec tant de soin son acte d'accusa-
» tion, qu'avec un bon cœur et de la
» bonne foi on peut naïvement le détes-
» ter et le prendre pour un monstre,
» sur sa parole.

» Il a dit : « Je suis un monstre ! » Ne

» le croyez pas, hommes honnêtes; il
» l'a dit dans un fanatisme de vertu;
» il s'est ravalé par grandeur; il s'est
» abaissé volontairement. La vertu, telle
» qu'il la concevait, lui paraissait si
» haute, si sublime, si glorieuse, que
» ses erreurs grossissaient à ses propres
» regards; que ses fautes, devenues tout
» à coup des forfaits à ses yeux mala-
» des, ne lui laissaient pour recours
» que le châtiment de la honte, infligé
» par lui-même; et il se plongeait
» dans l'humiliation pour expier ses er-
» reurs.

» Mais les siècles ne s'y tromperont
» point. Quand les voix intéressées au-
» ront cessé d'agiter les esprits, quand
» tout sera en repos, quand le nom
» seul de Rousseau vivra, on pleurera
» la double folie de son génie et de son
» repentir. La postérité devient géné-
» reuse; en comptant ses fautes, elle
» appréciera l'énorme supplice que cette

» ame délicate dut ressentir en confes-
» sant aux hommes sa honte, en l'exa-
» gérant, en la chargeant de couleurs
» noires, et en cherchant à effacer, par
» la hauteur du sacrifice, l'horreur que
» ses faiblesses lui inspiraient.

» Certes, il est chez Rousseau des ac-
» tions bien déplorables, et plus que
» honteuses. Mais, parlons avec fran-
» chise, les circonstances ne font-elles
» pas les hommes? Qu'attendez-vous
» d'un enfant vagabond, sans pain, sans
» feu ni lieu, sans vêtemens, sans pa-
» trie? Que demandez-vous à l'éduca-
» tion de la misère et de l'opprobre, à
» un laquais, à un mendiant qui dort
» dix fois à la belle étoile, à un homme
» jeté misérablement, dès le bas âge,
» dans toutes les situations qui provo-
» quent au vice?

» Je sens une admiration profonde
» en voyant, au milieu de cette jeunesse
» horrible, le noble cœur du malheu-

» reux se révolter sans cesse contre le
» sort ; Jean-Jacques, sans pain, rêver
» le bonheur et l'amour ; la féerie de
» son ame embellir sa situation humi-
» liante ; ses rêveries être héroïques au
» milieu des bassesses que les événe-
» mens et les sociétés lui arrachent ;
» son ame rester magnanime dans la
» honte et la folie de ses actions. Lutte
» étonnante du grand homme et de la
» fortune, que tu m'étonnes, et que je
» t'admire !

» Viens donc, viens, et présente-toi,
» toi qui te sens assez fort pour surna-
» ger dans le déluge de honte qui cou-
» vrait Jean-Jacques ; montre-toi, et
» dis hardiment : « J'aurais été men-
» diant et homme aimable ; j'eusse porté
» avec élégance mon génie et ma mi-
» sère, le poids de la fortune et ma sen-
» sibilité maladive ; je me fusse joué des
» événemens ; et, au milieu de toutes
» les tentations, de tous les exemples,

» de tout ce qui peut porter l'humanité,
» et surtout une ame impressible, au
» crime, au désespoir, à l'apathie, à
» l'abrutissement, j'eusse, moi seul, été
» Socrate, Caton, ou Franklin!... » Si
» cet homme hardi existe, je l'adorerai
» comme un dieu, ou je rirai de la niai-
» serie de son audace.

» Jean-Jacques, mauvais père, fait
» frémir. Mais avec quelle barbarie on
» prononce sur cet acte même, le plus
» criminel, le seul criminel de sa vie!
» Sans soupçon de ses talens, sans pré-
» voyance de sa haute destinée, sans
» fortune, ami enthousiaste de la rêve-
» rie, lecteur de Platon, citoyen imagi-
» naire de la république fantastique où
» l'état se charge des enfans, le mal-
» heureux, entouré, pressé par douze
» libertins de bas étage, se livrant à eux
» comme il se livra toujours aux impres-
» sions étrangères, et suivant en aveugle
» l'impulsion du moment, l'impulsion

» de tout ce qui l'entourait, de tout ce
» qui était son atmosphère, pour ainsi
» dire, oublia ses devoirs et commit
» une action très-mauvaise. Sans doute
» nulle circonstance, dans l'état com-
» mun des choses, ne peut excuser une
» action mauvaise; mais que ces rigi-
» des juges veuillent bien calculer l'in-
» fluence des mœurs monarchiques, de
» la licence où l'obscur Jean-Jacques
» traînait sa vie; qu'ils veuillent songer
» à cette extrême facilité de mœurs,
» à cette impressibilité de caractère, à
» cette malheureuse abnégation de vo-
» lonté personnelle, que portait au plus
» haut degré cet homme concentré dans
» son génie!

» De cette fange, du sein de cette
» honte, Jean-Jacques Rousseau s'é-
» lève. L'*Emile*, l'*Héloïse*, la *Lettre à*
» *Christophe de Beaumont* sortent de
» sa plume. Tant de malheurs, tant de
» peines ont concentré le génie dans

» le foyer de l'ame. A la longue lutte
» de son talent et de sa vertu contre la
» société, la société doit son génie; à
» son génie il doit la gloire; et, ramené
» par cette dernière au sentiment de
» la pureté morale : trop ennemi d'un
» monde où il a vécu inconnu; trop
» fier, trop tendre, trop mobile pour
» passer paisiblement au milieu des tra-
» casseries sociales; portant comme un
» feu dévorant ses souvenirs et ses re-
» pentirs; trouvant de nombreux ad-
» versaires et les étouffant dans ses bras
» d'Hercule ; frappé dans toutes ses
» fibres si délicates, par tous les hom-
» mes de son tems, par les hommes qui
» savent si bien où porter les coups sen-
» sibles; haï, blâmé, calomnié; recueil-
» lant au fond de sa malheureuse ame
» des forces toujours nouvelles contre la
» conspiration tacite et orageuse qu'il a
» excitée contre lui-même; navré, af-
» faibli, bouleversé, telle fut sa vie; et,

» au lieu de larmes, cette vie trouve en-
» core des reproches.

» Il était donc méchant, celui qui de-
» mandait du bonheur et de la volupté
» à toute la nature; celui qu'une douce
» mélancolie a fait languir toute sa vie.
» Phénomène en morale! il est méchant,
» et il s'entoure de fleurs, de musique
» et d'amours. Il se fût entouré d'ami-
» tiés aussi: hélas! les hommes inexo-
» rables étaient là; ils montraient au
» doigt les singularités de son génie; ils
» préparaient avec adresse les mésaven-
» tures de sa sensibilité; ils mêlaient aux
» doux besoin de ses facultés les mé-
» chancetés de leur monde.

» Il est méchant, et toutes les pas-
» sions douces germent, se concentrent,
» s'achèvent, s'exaltent dans son cœur;
» et sa vie n'est qu'un long amour, un
» platonisme éternel; et son existence
» brûle comme un encens offert à des
» divinités embellies par lui-même; il

» est méchant, et la musique, cette
» langue des passions, dont les voluptés
» délicates sont réservées aux organisa-
» tions vives et sensibles, est la conso-
» latrice de toutes ses journées; il est
» méchant, et les femmes, les enfans,
» les fleurs sont les pensées, les délices,
» les occupations de sa vie; il est mé-
» chant, et sa pensée, en s'exaltant, en
» se dénaturant, en devenant austère,
» stoïque, puritaine, ne l'empêche pas
» de rester fidèle à ses goûts simples, à
» ses plaisirs favoris; il est méchant, et
» ne fait la satire de personne, et il ne
» récrimine, n'accuse, n'accable, ne
» blesse personne, ne verse l'ironie sur
» personne; et, dans ces confessions
» même, où il se justifie, il n'y a pas
» une ligne où il se montre acerbe, où
» il jouisse des coups portés à ses enne-
» mis. C'est une plainte, et non pas un
» combat; il gémit d'être poursuivi par
» le fanatisme, la haine et l'envie; au

» lieu de les accabler de son éloquence,
» de son ironie, de sa force, de son
» adresse..... il gémit. Ses lamentations
» sont sans colère, la haine ne s'y mêle
» point; et du sein de tant de maux,
» ô bon Rousseau! tu ne fais pas sortir
» un cri de vengeance!

» Il fut fou, se dit-on. Que les ames
» tendres la défendent, que les esprits
» capables d'élévation la respectent,
» cette démence. Sa raison, sa forte et
» immortelle raison, succomba sous le
» poids des sentimens et de la pensée,
» sous le poids de l'humiliation inté-
» rieure et de l'abandon général, sous
» le poids de la conscience de sa force
» et du souvenir de ses faiblesses. Il ne
» fut pas abandonné, dites-vous. Il le
» croyait, et c'était bien pis. Mais qui
» de ses amis, après avoir accueilli
» Rousseau de Genève, ne repoussa
» pas cruellement Jean-Jacques grand
» homme? Sa démence! oui, Jean-Jac-

» ques eut de la démence. Quand il dé-
» posa aux pieds des autels ses réclama-
» tions contre les hommes, dans l'espoir
» qu'elles seraient recueillies par quel-
» que esprit simple et quelque bon cœur,
» c'était là de la démence.

» Pour moi, je ne retiens, je l'avoue,
» ni mes larmes ni l'élan de mon cœur,
» quand je vois le génie rempli de dé-
» sespoir, de fierté et de douleur, le
» génie de Rousseau, en cheveux blancs,
» demander à ses semblables la charité
» d'un peu d'indulgence, et les hommes
» se détourner avec froideur, et cette
» aumône être refusée à sa tombe
» même. »

Le jeune homme alors tomba à genoux, et dit : « Jean-Jacques ! mon
» père ! toi, qui eus besoin de toutes
» les voluptés du cœur ! toi, qui as senti
» la vie et embrassé le malheur par tou-
» tes les facultés de ton ame ! tu n'es
» plus là ; cette terre ne contient pas

» une parcelle de tes cendres ; les cruels » ont troublé jusqu'à ton dernier repos » Mais ton ame vit ici ; mais ces lieux, » mais le monde, mais la postérité, » mais tout est plein de toi. Tu as ré- » veillé les sociétés endormies, tu as » rappelé les hommes aux sentimens » primitifs de leur être. En te défen- » dant, j'ai cru défendre la vertu. Si je » m'étais trompé, je désespérerais d'elle » et de la vie. Que ton souvenir, que » tes leçons me soutiennent au milieu » d'un monde que les hommes ren- » dent chaque jour plus dur. Avec de » communes facultés, je n'aurai que » des peines communes ; et, sans souf- » frir tes tourmens, je profiterai de ta » vie.

» Excusez-moi, vous dont l'opinion » n'est pas la mienne ; pardonnez l'ar- » deur de mes paroles à l'ardeur du » sentiment qui m'anime. En défendant » mon père, j'ai bien mérité du monde :

» car un grand homme est le patrimoine
» du genre humain. »

Le jeune homme, baigné de pleurs, nous quitta; Céline pleurait aussi. Il disparut bientôt, et nous ne pûmes former qu'une conjecture probable, c'est que l'un des descendans de Jean-Jacques s'était chargé de réhabiliter un moment la mémoire de son aïeul outragé (*a*).

Note de l'Editeur.

(*a*) Je plaindrais M. Franklin D. d'avoir écrit cette lettre, s'il n'était pas à Baltimore, fort tranquille sans doute, et tout-à-fait à l'abri des atteintes de notre critique. Notre artillerie n'est pas de portée à traverser l'Atlantique.

Louer Rousseau est une tâche inutile : l'excuser est une singulière audace, après que lui-même a confessé au monde ses plus petits travers : l'expliquer est difficile. M. Franklin a essayé de mêler l'excuse et la louange au développement de cet être paradoxal. Peut-être trouvera-t-on son enthousiasme trop vif, ses excuses trop faibles et ses explications trop peu claires. Tout ce qu'il y a de plus évident, au milieu de son récit, c'est une grande exaltation, et une persuasion fort intime que Jean-Jacques a été mal jugé, et que la sentence contemporaine n'a pas été moins injustement ratifiée par la postérité aujourd'hui régnante.

Bacon nomma le cœur humain une caverne. Jamais caverne n'offrit de ténèbres plus épaisses que l'ame de Jean-Jacques. Lui-même, dans ses *Confessions*, a voulu y porter un flambeau; mais, après toute la peine qu'il s'est donnée, il n'est parvenu à en éclairer que tel ou tel coin, un détail, une avenue; il n'a pas élevé de fanal au milieu, qui en révélât tout l'ensemble.

Tout caractère a, pour ainsi dire, une clef: comme, sans elle, les portées de musique deviennent indéchiffrables, les actions d'un homme se rapportent à un ressort unique, sans lequel leur appréciation est impossible. A mesure que l'homme s'élève, cette clef est plus difficile à trouver, comme il est plus difficile de deviner la mesure du sommet d'une pyramide, que d'en mesurer la base.

Il n'était pas le maître de sa pensée; il en était la victime. La sensation de chaque jour s'emparait de lui, le dominait et le terrassait. C'était le dragon du poète et de Michel-Ange, qui s'attache au damné, l'enlace, l'opprime, fixe sur lui son œil de feu, et, absorbant sa substance, finit par le changer en un autre lui-même. Ainsi Jean-Jacques fut continuellement la proie et le jouet des émotions journalières.

Comme son imagination passionnait chez lui jusqu'au raisonnement, il trouvait des émotions jusque dans sa pensée. Aussi voyez-vous la puissante énergie de cette intelligence, l'enfoncer inconsidérément dans tous les sentimens qui se présentent : lit-il Platon ? le voilà platonicien au dix-neuvième siècle. Il est citoyen de cette utopie, il accumule au fond de lui-même tous les raisonnemens qui appuient sa cause ; il y voit la vertu ; il y rêve l'héroïsme ; il s'enivre de sa chimère ; le malheureux lui sacrifie ses enfans ; et il n'entend ni la voix de la nature, ni celle de ses ennemis qui rient de sa faute, ni le long reproche de tous les siècles futurs, ni les gémissemens des amis de la vertu.

Des femmes de la cour le charment? Il enchaîne son stoïcisme à leurs pieds.

Il voit la vanité de ces formes sociales, qui, sous leur brillante écorce, n'offrent, comme la pomme du Jourdain, que de vaines cendres? Le voilà tout à coup devenu cynique.

Il imagine, et cela est vrai, que l'homme doit se suffire, et que la plus grande noblesse sur la terre, c'est de payer à l'état qui vous nourrit comme citoyen, le tribut d'un travail réel, manuel, effectif? Bien persuadé de la chose, il s'établit copiste de musique.

Il sait, il a vu dans le monde que les hommes sont généralement envieux; que rarement ils font le bien sans imposer une humiliation, ou attendre un ignominieux retour; il sait que l'intrigue est la vie des salons, et la calomnie la petite monnaie de la société? Après avoir long-tems nourri sa pensée de ces vérités cruelles, il en tire des axiomes qui le dirigent constamment dans la vie : la société ne lui offre plus que des spectres. Il tend la main à des amis, puis la retire, en criant qu'on va l'assassiner. Il est son fantôme à lui-même, et après avoir fui l'espèce humaine, finit par avoir peur de Rousseau même, parce qu'il est homme.

Il sait que l'homme bon est l'outil dont se servent les habiles ; et, jetant autour de lui un regard défiant, il jure que sa bonté ne sera pas exploitée; se fait solitaire pour ne pas heurter les hommes, et affiche l'ingratitude pour repousser les bienfaits que son imagination lui présente comme autant d'appâts perfides.

Jamais bourreau de lui-même ne fut plus ingénieux que Jean-Jacques à s'imposer des tortures. Un si malheureux homme et un si grand génie excitent un intérêt bien naturel. M. Franklin, en l'excusant, n'a voulu sans doute ni faire l'éloge de l'ingratitude, ni celui de l'abandon de ses enfans, ni celui de l'insociabilité.

FIN DU PREMIER VOLUME.

TABLE DES MATIÈRES

CONTENUES DANS CE VOLUME.

FIN DE LA TABLE.

DE L'IMPRIMERIE DE PILLET AINÉ, RUE CHRISTINE

www.ingramcontent.com/pod-product-compliance
Ingram Content Group UK Ltd.
Pitfield, Milton Keynes, MK11 3LW, UK
UKHW012016240726
13965UKWH00002B/405